大师的智慧

袁世海

蒋晔 著

河北出版传媒集团
河北人民出版社

图书在版编目(CIP)数据

袁世海/蒋晔著. —石家庄：河北人民出版社，2012.10

(大师的智慧)

ISBN 978-7-202-06863-2

Ⅰ.①袁… Ⅱ.①蒋… Ⅲ.①袁世海(1916~2002)-生平事迹 Ⅳ.①K825.78

中国版本图书馆CIP数据核字(2012)第216994号

丛 书 名	大师的智慧
书　　名	**袁世海**
著　　者	蒋　晔
责任编辑	李春鹏
美术编辑	李　欣
封面设计	艺凡设计工作室
责任校对	余尚敏
出版发行	河北出版传媒集团　河北人民出版社 (石家庄市友谊北大街330号)
印　　刷	河北新华第一印刷有限责任公司
开　　本	880毫米×1230毫米　1/32
印　　张	3.5
字　　数	54 000
版　　次	2012年10月第1版　2012年10月第1次印刷
书　　号	ISBN 978-7-202-06863-2/K·1048
定　　价	13.00元

出版说明

二十世纪是中华民族波澜壮阔、生死存续、浴火重生的世纪。本世纪的初始，就是《辛丑条约》的签订，清政府向列强出卖主权，赔款白银九亿八千万两，神州大地被列强豆剖瓜分，上海黄浦公园的门口竖起“华人与狗不得入内”的牌子，亡国灭种的威胁摆在每一个中国人的面前。

“尧之都，舜之壤，禹之封。于中应有，一个半个耻臣戎。”（陈亮语）富有自强不息传统的中国人从鸦片战争就开始了救亡图存的不懈奋斗。经过一百多年、成千上万人的流血牺牲，终于在1949年迎来了新中国的成立。

“千秋耻，终已雪。中兴业，待人杰。”（冯友兰语）从那时到现在，华夏儿女又开始了民族复兴的伟业。虽然历经反右派、三年大饥荒、十年内乱的曲折，在上世纪八十年代初进入了改革开放的伟大时代，中华民族开始跨越发展，迅速崛起，在21世纪初成为综合国力强盛的大国、强国，国际地位空前提高，国家影响日益扩大。

一百年来，从南方到北国，从大陆到海外，东西南北中，工农商学兵，各行各业，涌现了成百上千的名家大师，他们以各自的智慧为民族的解放，国家的强盛，人民的幸福做出了巨大的贡献。回顾他们的人生，汲取他们的智慧是一项极有意义的工作。

蒋晔先生是我国著名的专栏作家、学者、文化策划人。他从1994年开始采访中国现代文化名人，迄今已采访了三百余人，积累了许多宝贵的资料，出版了数种文化名人访谈录，在文化界和读者中产生了相当的影响。

我社与蒋先生的合作始于2007年的《我的心是一面镜子》一书。2008年合作推出《文化名人人生智慧丛书》，受到了文化界和读者热烈欢迎。从本辑起，为简洁易记更名“大师的智慧”。本丛书的特点是“小故事，大智慧”，通过大师的精彩故事，阐发他们的人生智慧，给读者以启迪。该丛书每辑十册，介绍十位大师，敬请读者留意。

河北人民出版社

2012年7月

序言　五十知天命

本丛书能够得以和读者见面，不能不提到李世琦兄。世琦兄是我北京师范大学历史系的老同学，他因知我、又知河北人民出版社，所以，在他的努力下，开辟了《文化名人人生智慧丛书》这一图书系列。正如他的预测，该丛书已出版的10册，得到大家的厚爱，竟连续获奖，精神文明、物质文明双丰收。这都是我兄世琦的功劳！

这套丛书引起了同在河北人民出版社工作的贺秀红女士的高度关注，在世琦兄引荐下，我得以幸会小贺。多次交流，使我深知小贺热爱此丛书之原因，她心目中所追求的那种生活状态，正需要大师的智慧所指引，她要在编辑此丛书的过程中，升华自己的觉悟，并把大师的智慧，去利益众生。

更让我感动的是，在世琦兄和小贺共同努力下，出版社的诸位高层领导，均大力支持这个《大师的智慧》丛书，希望在更高层面上进行策划、设计与出版，并作出重要批示。这一情景，使我在今年知天命之年到来之时，更加明白了“天命”两字的深刻含义。

“人的命，天注定”、“天命不可违”，是两句一俗一雅的古语，是中华民族文化中非常重要的一个思想。何谓“天命”？规律也。

我从1994年开始访问中华文化名人，至今已近20年。从当年的全国非常少见的、带有系列性的、在报纸发表的“独”家访谈，到现在的各家报社、杂志、电视、网络，都特别重视“大师的智慧”，此乃“天命”也。众人需要智慧，时代需要智慧。人类失去智慧，世界将会怎样？肯定是毁灭。作为一个人，在社会上生活，如果没有一点人生智慧，你肯定到处碰壁，一事无成。为了人生的幸福，去寻找智慧吧！大智慧，便是“知天命”。

“知天命”，就是知“天人合一”的关系。在“天人”之间，真正理解：人法地，地法天，天法道，道法自然的规律。人在大自然这个世界、宇宙里，最根本的是要“顺其自然”，而不可能“人定胜天”。“人定胜天”是小聪明，而不是大智慧。

在大自然里，矿物、植物、动物，千奇百怪，丰富多彩。在动物中，人又是其中之一，形形色色，各种各样。这一切都是大自然的造化，你想把这种造化，搞一次“同化”，那是不可能的，这种要“同化”的思维、行动，其方向就是错误的，下再大的力气，也是无用功。理解了“顺其自然”，便会敬畏大自然，便会尊重生物的多样性，尊重世界的多元化，尊重文化上的差异，以“兼和”为哲学基础，去为人类造福。

“兼和”者，兼容众异、得其平衡。对“众异”进行“兼容”，其目的是达到一种“平衡”状态。当代著名哲学家张岱年先生，用毕生精力所总结出来的“兼和”思想，在将来日益显耀。我通过他的弟子、清华大学教授刘鄂培先生，才知其如此重要，便写入了2008年北京奥运会“中国印”摩崖石刻的碑文之中，被国家所确认。“知天命”者，“兼和”也。

“天命不可违”，即是：“兼和不可违”。“人的命，天注定”，即是：“人的命，兼和来注定”。你拥有多少“兼和”思想，你的“命”就“注定”了多少。

我近20年所访问的文化大家，其智慧，可用很多精彩的语言来表达，但归根结底是两个字：“兼和”。这便是大道至简。

蒋　晔

写于北京颐和山庄紫霄园

目　录

袁世海：成功来自对事业的迷恋

决不让母亲再受穷

为了探寻袁世海先生那迷恋精神的原始成因，我们在1997年访问了他："袁老师，是什么原因使您迷上了京剧？"

袁世海说："主要有两个原因：一是我小时候的生活环境和京剧接触较多，我和四大爷常去天桥听戏。时间长了，耳濡目染，自然就喜欢上了京剧，并和喜爱京剧的人有了更多的来往。第二个原因是我家里太穷了，没有别的活路，我才下定决心进戏班吃苦学戏，为的是不能再让我母亲受罪了。"

我们非常不解地问袁世海："您下决心吃苦学戏，怎么和家里贫穷还有牵连？"

袁世海深深地叹了口气：唉！那个时候，富人家的孩子谁去学戏呢？戏班里绝大多数是家里养活不起的穷孩子。戏班管吃管住，总算是一条出路吧！在我两岁的时候，父亲就因积劳成疾去世了。父亲去世时，我大姐13岁，二姐11岁，三姐7岁，哥哥5岁。一家六口人的生活重担，全部落在母亲一人肩上。父亲留下的唯一财产就是一辆马车，他去世后给我大伯使用，以此每月得到他的部分接济，但生活仍难维持。母亲、大姐，后来加上二姐，只得给裁缝铺缭贴边，给鞋铺纳鞋底。她们终日起早贪黑，一家人往往还是吃了上顿少下顿，东求西借，苦度光阴。

父亲去世后，母亲和我们相依为命，我们几个孩子就是她生活的目的和希望。她平日舍不得说我们一句，什么都是由着我们的性子干。我从小爱看戏，爱唱戏，想学戏，母亲都清楚，但总不太愿意让我学戏，怕的是学戏太苦，还要挨打。但是不学戏又能学什么呢？我最终下决心学戏，还与我大姐的去世有关系。

多少年来，我大姐都是尽全力与母亲分担家务，怜惜弟妹，什么都让出来给我们。有时饭不够，她总是同母亲你推我让，不肯再吃。家里的活计，她默默地忙个不停，日子久了，就造成她体质很差，加上忧思愁虑过度劳累，终于得了肺痨。最初，她怕母亲着急，忍耐着不愿明说。后来等母亲发现时她已是病入膏肓。请医生、吃药没有钱，只好请个巫婆来，这当然救不了大姐的性命。可怜大姐只活了18岁，没过上一天好日子，眼睁睁地被病魔夺走了生命。

大姐的死，对母亲打击太大了，母亲总觉得对不住大姐，一天不知哭多少次，掉多少眼泪。我站在门槛上，手扶着门框，看到母亲顿足痛哭的情景，心都碎了。这一切在我幼小的心灵深处烙下了不可磨灭的印记。家里的收入一天天减少，我和哥哥却一年比一年大了，家中开销日益增大。旧债未偿，又负了新债，每月都要付利息。真可说是债台高筑。每逢年关，母亲更是愁上加愁。腊月二十三之后，讨债的就会踢破门槛。母亲强忍悲痛，听他们说着难听的话，苦苦低声哀求着。

有一天，母亲对我们姐弟四个说："我盼着你们了。你们长大后只要有一个有出息，咱们全家就不会再受这些窝囊气！"我紧咬嘴唇，不住地向母亲点头，心里暗暗发誓说："这个家靠我了，我得学本事挣钱！只要能学到本事，多苦我也不怕。我长大了，决不让母亲再受穷。我们家一定得过上好日子，给他们看看。"

我们一声不吭地听着袁世海那低沉、痛苦的回忆，接着又问起他学戏时苦练的情景。他讲："那苦得很啊！学生在科班挨打是家常便饭，'不打不成材'被认为是天经地义的。所以，每天练功排戏，老师手中总是拿着藤条、竹板。如果认为谁偷懒、谁学得慢或学走了样，举板就打几下。

科班的规矩是，早晨5点钟起床，洗脸漱口，5点半就把练功鞋拿好，整好腰带等着。铃声一响，大家全挨着墙根蹲下，一声命令，全体拿顶。罩棚底下，顺墙根一拉溜排着。拿顶最苦，最怕的是老师数着又倒回去数，没完没了。时间长了，眼泪、鼻涕一块儿往外流。

拿完顶就是练毯子功、翻虎跳、毽子、小翻。练完功，就是文的了。先学念词，练口齿清楚，学员念不对，老师就拿根筷子在学员嘴里搅，有时候嘴都搅出了血。学生跑虎跳，老师真抽。他抽下来，你翻过去了，就抽空了，只要稍微慢一点儿，就正打在胯骨轴上，那就是青一块、紫一块。”

我们问袁世海：“科班为什么这样残酷训练呢？”

袁世海说：“科班是要赚钱的，学生学了戏，跟着就要演出，谁都不能闲着。初入学的，先要跑龙套，然后唱个扫边角色什么的，慢慢地才能唱重头戏。那会儿学戏，今天学了，念了，明天就要背出来。科班的学生大多数是苦孩子，没念过什么书，不认字儿的居多。要把一出一出的戏都背下来，可不是容易的事，不下苦功可不行。再苦再累，我都不怕，我一定要学成，戏学成了，我妈妈就不受穷了。所以我私下里还要比别人多练。白天时间排得满满的，没有工夫练，也没有场地练，我就在夜里大家睡觉以后，借口上厕所，悄悄地起来到后院去练私功。后院挺深，夜晚去，怪瘆人的，一般孩子们都不敢去，我不怕。白天看了别人排戏，夜里我偷偷照着练。别人走一遍两遍，我走三遍五遍、十遍八遍，不辞辛苦，一定要练到会，练到熟。自己一个人练，没人给纠正身段动作，我就借月光投下的身影，自己瞧着改，光练到会、练到熟还不满足，总还要搞点创造，这个私功，重要得很。因为练私功是自觉自愿的，练的时候肯于用心；而且一定要练会练熟，才肯罢手。因此就练得多，记得牢。”

写到这里，我们发自内心地钦佩袁世海的吃苦精神，他之所以能成为一代大师，其功夫真是练到家了，练到常人不可想象的地步。正是这不可想象的吃苦，使他仅用了三年时间，竟然在富连成这个科班里，学习了近百出戏，已经能够扮演五十个以上不同时代、不同处境、不同身份、不同性格的各种人物，成为戏班里的骨干力量，而此时的袁世海才十四五岁，他忍受了多大的痛苦啊！

我戏瘾大得很！

著名戏剧评论家张庚先生是这样评价袁世海的："世海是一个有创造性的艺术家，他既有师承，又能不守一家。因此，他在舞台上创造了许多形象鲜明的人物，令人难忘。"

以京剧行当来讲，号称生、旦、净、丑。事实上，只是旦行中的青衣和生行中的老生这两个分支比较发达。在净行中，又分成铜锤、架子花及武二花几个分支。在净行的分支中，架子花似乎经常处在"没运气"的状态，长期以来处在"傍"的地位，提供给架子花"出人头地"的机会，实在不是很多。早年的黄润甫，一辈子傍人。到了郝寿臣，他硬是要从没路的地方踩出一条道来，突破了架子花以往只能挂四五牌的惯例，居然和杨小楼、马连良、高庆奎先后"并挂"起来。

上个世纪50年代之后，袁世海以《黑旋风李逵》作为发端，开始了架子花"独挑"主演整本大戏的尝试。净行终于脱颖而出，几乎达到与"老生""青衣"鼎足而立的局面，这就是袁世海在京剧舞台上的杰出贡献。他所塑造的京剧人物曹操、李逵和《红灯记》中的日本鬼子鸠山等等，永存京剧史册和亿万观众的心中。

谈笑风生的袁世海。

我们问他："您在当时为什么选择了架子花这个并不热闹、发展前途也不是很明朗的艺术小分支呢？"

袁世海说："在富连成科班里，刚一开始，我是啥都学，主要是学习老生。在我13岁那年，萧长华先生认为我是一个唱花脸的架子，虎头虎脑的，就让我转学花脸。在那个时候，在花脸上要唱出名声来，确实不容易。但是我从小就喜欢花脸戏，特别是郝寿臣、侯喜瑞的戏看得多。萧先生也觉得我像郝寿臣，所以就坚定了我学好的信心。我想，学什么都一样，只要自己使劲儿，多下私功，肯定能够赶上师兄们，在花脸行争一席之地。"

"袁老师，在您的艺术生涯中，对您产生终生影响的老师是谁？"

"是郝寿臣！"

1940年12月29日，是袁世海艺术历程中非常重要的一天。这一天他终于拜上了郝老师，为此还举行了隆重的拜师仪式，参加这一仪式的有300余人，京剧界盛评一时。

袁世海在郝寿臣老师的培养下，艺术之进步令人刮目相看。郝寿臣不仅将自己一生的艺术体验传之得意门生袁世海，并把自己的全部行头连同箱子赠送给学生，还把很多演出的机会让给学生去创造、去实践。如此老师，真良师也！人生得一良师，大幸也！

直到今天，袁世海和我们念叨起他的老师，仍以十分崇拜、敬慕的心情说："没有郝先生，就没有我的今天。他是我的恩师，师恩如山啊！我最忘不了的，是他告诉我如何做人演戏的道理。他讲：作为演员一定要洁身自爱、勤奋谨慎，只有这样才能保持艺术的青春。酷爱自己的艺术，要一头钻进去。困难再大，咬咬牙就能闯过去。科班里不读书是个缺点，演员应该有点书底子，郝老师要求我多看书，从书中求知识，揣情度理，找出人物的性格、体会人物的性情。有一次，他指着家里悬挂着的'名能寿世'匾额，高兴地说：你瞧，'寿'连着'世'。看来，早就注定咱爷儿俩的关系了。"

拜访81岁高龄的袁世海，给人印象特深的是他的旺盛精力。在整个访问过程中，他不时地唱上几句，还摆出某个身段，那京剧味、那精气神儿都使他对京剧艺术的热爱溢于言表，使我们忘记了他的年龄。我们似乎不是在他的家中采访，而是在长安大戏院的舞台上欣赏他的演出。可见，他的日常生活全部弥漫着京剧的风味，他的人生是地地道道的京剧人生。他是把舞台生活化了，他把生活京剧化了。

因酷爱“袁剧”而与之成为莫逆之交的著名戏剧家翁偶虹先生曾说：“袁世海已是年近古稀，难得的是其精力充沛，依然不减当年，活跃于舞台之上，他是一位名副其实的表演艺术家。”志在千里的袁世海，在积累了近30年艺术实践的基础之上，厚积薄发，终于使京剧净行架子花这一艺术分支，达到了一个前所未有的表演高峰。其划时代的代表剧就是《黑旋风李逵》——这“黑旋风”终于开创出以架子花“独挑”大戏的从未有过的先例。紧接着他又演出了《李逵探母》和《九江口》，把架子花艺术再次推向一个新的高度。

袁世海告诉我们：“1950年6月，新中国实验京剧团正式成立，我和李少春很快排演了《将相和》，这是我艺术发展中一个新阶段的开始。原来，我在演出中只着重于自己所演人物唱、念、做、打等技巧的运用，因袭前辈的东西还很多，从这个戏开始，我从整部戏来考虑人物情感的意识增强了。1951年，中国戏曲研究院成立，梅兰芳任院长，我们全团人员加入进来，成立了京剧实验工作第一团，我任副团长。1952年10月，举行了第一届全国戏曲会演。会演后，组织决定由我排演《黑旋风李逵》。读了这个本子，我喜欢这个戏，团里也非常重视，组织了一个规模很大的导演团，郝寿臣老师被聘请为顾问。郝老看完本子很兴奋，对我说：‘这个本子好，比《丁甲山》内容丰富多了。你可是赶上好时候了！我那会儿想排个新戏真是难啊！要请大家来家里排戏，甭说酒宴，就是送往迎来就够忙活的。’《黑旋风李逵》这个戏的演出，是花脸艺术的

1958年，袁世海先生下基层演出。

一个大发展。过去以架子花脸为主的戏，唱一个小时就算是大戏了，一般的也就是半个小时到三刻钟。《黑旋风李逵》是第一出以架子花脸为主而要唱一个晚上的大戏，这真是一个新的飞跃。郝老还说：'这个戏的李逵格调高了。咱们可要好好研究一下怎么把这个人物创造好，不能再像过去戏里那样搞得流里流气。'"

"原来的李逵形象为什么是流里流气的？"

袁世海说："在《丁甲山》里李逵叫：'哎呀我的哥呀，打壶烧酒咱俩喝呀。'《清风寨》里李逵吆喝：'油炸鬼儿！'一副吊儿郎当的相，不像个英雄，倒像个贼，不过是个有点义气的好贼而已。当然过去并没有多少人明确《水浒传》是描写农民起义的书，对李逵也更不是当成农民起义的英雄来塑造的。解放后，大家才有了新的理解。《黑旋风李逵》这出戏，讲的就是忠诚于梁山泊事业、忠诚于宋江大哥的李逵，在下山路上听说宋江抢了民女，勃然大怒，结果把事情闹错了，差点翻了天，假宋江差点害了真宋江。保留了那些旧戏中李逵正直、粗鲁、憨浑的一面，增强了他的正义感，着力塑造这一农民英雄的美好形象，使人物更加可爱了。这出戏上演后，很受欢迎，后来又带到日本去演出。"

"袁老师，《李逵探母》中的李逵形象更加新颖独特。以前的李逵是粗鲁、刚烈，而这出戏的李逵则是孝顺柔肠，反映了李逵的另类性格。您是怎么想起构思这个主题的？”

袁世海说：“1954年，我随中国文化代表团到印度访问，我是京剧队长。出国时规定不能多带东西，我只带了一部《水浒传》。我为了加深对戏里人物的理解，提

漫画家丁聪笔下的袁世海。他在印度访问期间还在读《水浒传》。

高表演艺术，对《三国演义》《水浒传》《封神演义》《东周列国志》这类古典小说，我是经常阅读。这次出国，时间较长，三个多月。我在余暇时间就看《水浒传》。看到李逵探母这一节，触动了我的乡思，想到了我的母亲如何疼爱我，为我受了多少罪，越想越觉得李逵探母这段情节很好，可以搞成一个好戏。我自己琢磨着拉了一个提纲，打了腹稿，回国后就抓紧修改这个本子，以探母为线索，突出了李逵的孝心，大大丰富了李逵的性格，在‘见母’那场戏，李逵忽然发现母亲眼睛已经瞎了，看不见自己的模样，又心疼，又着急。用什么办法来证明自己的确是铁牛儿回来了呢？我就想起了小时候跟妈妈唱儿歌的情景。我跟翁偶虹商量：‘这儿唱段儿歌吧。’翁偶虹说：‘行！’于是我就琢磨着给安上了一段儿歌：

‘打花巴掌嘞，
正月正，
老太太要看莲花灯；
烧着香儿，
捻着捻儿，
茉莉茉莉花儿哎，
海棠尖儿……’

李逵强忍心中悲痛，扶老娘坐下。自己偎依在娘身边拍着巴掌、学着童音一句一句念下去，声音很轻，略带跳跃，一副顽童的神气，并观察着娘的感情变化，看是否引起了娘的回忆。他越念越动感情，以至泣不成声。老太太确信是铁牛儿回来了，悲喜交加，终于母子抱头痛哭起来。戏演到这里，已使观众情不自禁地潸然泪下。为了演好《李逵探母》，我常常一个人关在屋子里，转来转去，'娘!''妈!''老娘!''妈哎!'一遍一遍地喊，加以比较，最后才确定喊'老娘!'感情恰当，节奏也合适。人们看我这样，都说我成了疯魔，真是到了成魔入迷的程 度。我戏瘾大得很，演戏没有戏瘾是不行的，只有爱上了戏，把整个人都交给了戏，戏才肯与你拉手，才能在艺术上有所创造。因为只有爱得深，才钻得进去。钻得深，才能有所建树。三心二意，必然分散精力，那是达不到艺术高峰的。"

只有成魔入迷，才能出神入化——这不正是袁世海先生由文盲而成为一代京剧大师的关键吗？他对京剧艺术上了"瘾"、入了"魔"，"迷"了进去、"疯"了起来。这"瘾"、这"魔"、这"迷"、这"疯"，正是袁世海先生献身艺术、成就人生最贴切不过的字词。

京剧的危机到底是什么？

“袁老师，我们都曾看过京剧《红灯记》。您在剧中所扮演的日本宪兵队长鸠山，给大家留下了很深的印象。有人说，您的脚趾头都在演戏，是这样吗？”

袁世海大笑起来说：“应该是这样。在‘李玉和赴宴斗鸠山’这场戏中，我是身穿和服，脚登木屐，演戏时我那脚趾头的动作，细心的观众是可以看出来的。可是我自己一点也不知道，我全部融入了戏中。为了表现这个日本鬼子的阴险奸诈，我做了很多准备工作。”

在《红灯记》鸠山形象的创作过程中，袁世海先生看了电影、沪剧、歌剧、评剧、京剧《自有后来人》《三代人》《革命自有后来人》等同一题材的艺术品类，并琢磨其中几个鸠山的不同，来丰富自己的构思。他还向日本朋友了解日本的生活习惯和生活情况，学习穿木屐走路。

袁世海还阅读了溥仪记述的《我的前半生》，从中了解熟悉日本军国主义者的具体情况，比如溥仪和日本关东军参谋板垣征四郎的几次谈话，就很说明问题。溥仪讲：“板垣是一个小矮个儿，有一个剃光的头，一张刮得很干净的青白色的脸，眉毛和小胡子的黑色特别显眼。在我见过的日本军官中，他的服装算是最整洁的了。袖口露出白得刺眼的衬衫，裤腿管上的圭角十分触目。加上他的轻轻搓手的习惯动作，给了我一个颇为斯文和潇洒的印象。这个人说话总是那样‘不紧不慢’‘笑容满面’，‘态度平和，一点不着急’。而且总是轻轻地搓着，两只手搓来搓去。到谈不拢的时候，才脸色更青更白了，笑容没有了，只是最后的话说得冷冷地，而‘声调没变’。以后再见到他，看到他‘那张脸竟是个没有春夏秋冬的脸’，看不出气候来。一直到谈妥了让我当傀儡，才变成放荡不羁、纵情大笑的鬼样。”

溥仪描述的板垣，给了袁世海很大启发。他又联想到鸠山曾是个医生，医生的外表总是温文尔雅的，于是就创造了一个外表和气、道貌岸然、内里凶残、阴险毒辣、杀人不见血的鸠山形象。当鸠山与李玉和几番较量都失败后，鸠山终于剥去伪装，露出了豺狼本性：“我是专给进地狱的人，发放通行证的！”说这话的时候，鸠山的语气大变，每一个字都像从牙齿缝里挤出来的，揭示了鸠山此时对共产党人既无可奈何，又色厉内荏、外强中干的心理状态。

这就是袁世海的功夫：他成功地把京剧艺术与现代戏结合到了一起，在现代戏中又把架子花脸大大开拓了新的戏路；正是基于他的演出实践，以及他几十年来的人生体

袁世海在讲话。

验，所以他不认为当前的京剧存在什么危机。

当我们问及“京剧危机”这个话题时，他十分肯定地说：“京剧是我们国家的国粹，是东方艺术的瑰宝，她怎么会消逝呢？不会的，我认为不是京剧这颗明珠出现了危机，而是在新的挑战面前，我们的创新精神出现了危机，我们的人才出现了危机。现在最关键的是培养人才。今天的青年演员一定要关心剧本，培养自己对剧本的再创造能力，不能等着吃现成饭，更不能吃‘捧’，一‘捧’就晕，忘乎所以，那样成不了大气候。艺术既有自身的独立性，又不能与时代完全脱节，青年演员向名家学习不能限于一招一式，得全面学、系统学，要神似不要形似。有些演员一上来就要学大戏，仿佛不把某某人的代表作学到手，就难于向世界表明他是某某人的学生似的。其实，老师能有晚年的成就，是积累了一辈子的工夫和心血。后人想学，心愿虽然不错，但得一步步来，得循序渐进。你单出戏都唱不好，你单项上的功夫都不到家，老师的代表作虽然学了，但老师的‘格儿’你拿不过来。老想走捷径，结果进了死胡同。这个死胡同，才是京剧真正的危机。”

袁世海先生

袁世海小传

袁世海，1916年生于北京，2002年12月逝于北京，享年87岁。我国当代京剧大师。他1927年入富连成科班学习，先学老生，后改学花脸，拜师郝寿臣。解放以后，他参与筹建新中国实验京剧团、中国戏曲研究院和中国京剧院，在《黑旋风李逵》《李逵探母》《九江口》《野猪林》《群英会·借东风·华容道》和《红灯记》中，成功塑造了李逵、张飞、曹操、鲁智深、张定远和鸠山等艺术形象，把净行架子花这一分支艺术的地位大大提高了一步，从而进入了一个挑战大戏的主演时代，形成了京剧舞台上“生、旦、净”三足鼎立的态势，为丰富这一国粹艺术作出了突出贡献。他还是一位京剧教育家和社会活动家，为培养京剧新人不遗余力。他在多次出访的国际活动中，为传播中华文化、促进艺术交流，发挥了积极的作用。

袁世海的故事

1

1916年的农历正月初九，袁世海出生在北京。他两岁时，父亲积劳成疾，最后大口大口吐血去世。

2

袁世海的父亲去世时，他大姐13岁，二姐11岁，三姐7岁，哥哥5岁。一家六口的生活重担，全部落在32岁的母亲一人肩上。一家人往往是吃了上顿少下顿，东求西借，苦度光阴。年久失修的房子，遇到雨天，屋外下大雨，屋里下小雨。

3

袁世海的四伯父在今天北京建国门外的一个小关帝庙剃度出家，被称为和尚四大爷。他是位戏迷，常带袁世海这个侄子去天桥看戏，这里可热闹啦！卖吃的、卖穿的、玩杂耍的、说书的、唱戏的、吹糖人儿的，无所不有。一拐进天桥所属的地带，各种叫卖声、鼓声、锣声，嘈杂一片。推车的、摆摊的、搭棚的、围圈的、打地摊的、挎篮的，比比皆是。这对童年时的袁世海学戏，产生了重要影响。

4

和尚四大爷的癖好是，特别爱看戏报。那时，海报都横七竖八地贴在道路两旁的大牌子上。从袁世海家到天桥，沿街的牌子有许多，和尚四大爷几乎是张张必看。袁世海在旁边看不懂，等着着急，就扯着他僧袍的大宽袖子，拉他走。他目不离戏报，口里喃喃地说：“别着急，别着急，大爷看看哪出戏好，明儿带你去看……”

5

和尚四大爷的另一个癖好是，只要一有空，就会曲不离口地哼唱起来。别看他每出戏会的词儿不多，但什么戏都会几句，而且是摇着头，拍着板，有滋有味地唱。这样，袁世海有意无意地被他熏会了几句，听戏时，一旦遇到自己会唱的那几句，顿时兴致勃勃起来。就这样，在和尚四大爷的熏陶下，袁世海也渐渐成了小戏迷。

6

袁世海小时说话很晚，说起话来还很结巴，可是犯戏瘾时不论是唱还是念，都不结巴了。小时候和尚四大爷看他干张嘴说不出话来，经常打趣说："你别说话啦，给我唱出来吧，我更爱听。"于是他就唱道："四大爷，你领我去看戏……"唱的时候，一点都不结巴。

7

袁世海6岁多的时候，想多去天桥看戏，可没钱买票，怎么办呢？他就趁入场时人多，夹在一些乘车来的大人后边，再用手轻轻地牵着这些大人的长袍，把门的看他人小，以为是这些大人带的孩子，就不再查他的票，这样可顺利进入"城南游艺园"看戏。后来，院内街坊李大妈的丈夫在游艺园京剧场专管包厢和茶座，每天中午11点半上班，袁世海就提前赶到他的家中，由他带去看戏。后来兴趣越看越浓，便带上晚饭，从中午看到晚上，直到散场才回家。

8

袁世海上了免收学费的小学后，白天上课没时间去看戏，只好看夜戏了。这时，他大爷家的“袁记马车行”的生意日渐好了起来。名家去演戏，都雇用他大爷家的马车。袁世海就跟着马车搞好服务工作，并尾随在京剧名家身后，大摇大摆地走进戏园子。看门的以为他是小跟包的，就不加阻止。这样，小小年龄的袁世海便靠在戏园的大柱子前面看戏，一站就是几个小时。

9

童年时的袁世海，很喜欢去后台看京剧名家化装，最爱看钱金福、郝寿臣、侯喜瑞几位老前辈勾脸，他还记得钱金福老先生脸上有痣，痣上长着很多毛，勾脸时总要拿笔沾着颜色往脸上反复地按，有人说：“钱老板，您将它刮了吧！”钱老板说：“可不能刮，这是长寿毛，我有办法将它盖住。”

10

袁世海看戏多了，学会的戏也就多了，演戏的瘾越来越浓。什么戏都扯开嗓子唱，能唱几句就唱几句，还自编动作，那股劲简直就像中了魔，往往误了吃饭。他的演唱使附近的街坊们都认识了这个小戏迷，有时家里无米下锅时，他就到店铺里赊购，这些掌柜的满口答应，但条件是袁世海必须先给他们唱几段戏，然后才把几斤面或烧饼、豆腐，以及几个铜子的肉之类赊给他。

11

8岁左右，袁世海在家门口附近的一棵大槐树下，和另外一位小朋友一道，嘴里一念锣鼓点，戏就算开演了，呛——呛——他们跑着圆场，或是迈着四方步上场了。东一段，西一句，将看过的戏中印象最深、最感兴趣的情节逐一地表演一番。四周的大人、孩子都来围观，人越来越多，非常热闹，袁世海并不觉得不好意思，情绪反而更高涨。

12

为了学戏，袁世海不顾母亲的反对，不再到平民学校去上小学。有一天他在一家小人书铺，借了一本《呼延庆打擂》连环画书，于是就来个照图排戏玩。他先把小人书看一遍，记住大意，然后按故事情节，自己编台词，编动作。

13

袁世海8岁拜的老师，是著名武二花脸许德义先生，许师傅常跟他讲:“功夫不负有心人，下苦功夫练，准能练出来。这碗饭不是那么好吃的，要吃这碗饭，就得下苦功夫。一些名角就是下了苦功，才赢得观众承认的。”袁世海暗暗下定决心:“不管怎样，我要吃得苦中苦，学出好本事，一定要练得像他们那样受到观众的欢迎。”

14

袁世海第一次登台演出是在8岁，他回忆说:“自从我和京剧结下了不解之缘，尤其是拜了许师傅练功学戏以来，始终是有地方学戏，却没地方演出，常自叹无用武之地。就连梦中也在渴望着有朝一日能登上舞台演出。我是初生牛犊不怕虎，像是有舞台经验似的，心情很平静。那天晚上上场后，我神气十足，台下响起了喝彩之声。”

散戏后，一位老先生高兴地拍着袁世海的头说:“好小子，真有你的，头回上台不仅不慌，该要的还给要下来了（指掌声、效果）。”

15

8岁的袁世海拿着奖励给他的一块钱的点心钱，心里简直乐开了花，连跑带蹦地回了家。他妈妈、姐姐都还没睡，袁世海笑着跳着进屋里，把钱交给了妈妈。妈妈紧紧地把他搂在怀里，过了好一会儿，才说："你饿了吧？给你留着饭呢！"袁世海兴奋得不觉得饿，问妈妈："您愿意让我学唱戏了吗？"妈妈说："不是不让你学，就是学戏太苦了！"他说："苦怕什么？赶明儿我学会唱戏，挣钱都给您……"

16

学京剧，那个时候有一个非常有名的学校，叫富连成社，到这里学习，家传学习京剧的，他们的子弟入学很容易。没有家传的，只要贫苦人家的，而且能吃苦的。还要有个好保人，最好是有些京剧基础的，入科就能演点戏，不用从头教起，吃闲饭。一位好心人找到富连成科班的叶春善老先生，把袁世海两岁丧父、家境贫寒的情况介绍一遍，又将拜许德义为师练功，给京剧名家尚小云配演的事夸奖一番。叶老先生最终同意。袁世海非常兴奋。

17

当时入富连成科班，需要签入科班的契约。它是个大红纸摺，封面用墨笔写着“关书大发”四个字，摺内写的是：

立关书人×××人，今将×××，年××岁，志愿投于×××名下为徒，习学梨园生计，言明七年为满，凡于限期内所得银钱，俱归社中收入，在科期间，一切食宿衣履均由科班负担，无故禁止回家，不准中途退学，否则由中保人承管。倘有天灾疾病，各由天命。如遇私逃等情，须两家寻找。年满谢师，但凭天良。空口无凭，立字为证。

立关书人×××画押

中保人×××画押

年　月　日吉利

袁世海的母亲一听，7年在科期间不许回家，不许退学，天灾疾病，各由天命，顿时泪如泉涌，迟迟不忍在上面画押。事情到了这一步，母亲哪能阻拦住儿子去实现多年的愿望，哪能改变袁世海早已下定的决心呢？他满心欢喜，无所畏惧地伸手蘸红印油，替母亲按下了手印。晚饭，他母亲一口也没吃。深夜，他偶然醒来，朦胧间看见母亲还坐在炕沿看着儿子，用衣襟擦着她那双早已哭得红肿了的眼睛。

18

富连成科班最初称喜连成，于1904年正式成立，吉林富绅牛子厚为班主，专供财力，社长叶春善掌管教学、演戏。1912年，财主沈玉昆接办，科班遂改名富连成社。1948年，社会动荡不安，富连成科班被迫宣告解散。科班成立的44年中，前后培养了喜、连、富、盛、世、元、韵、庆八科将近800名学生，为京剧艺术造就了大批人才。

19

在富连成科班学京剧，必须先学习昆曲，这是学习京剧的必修基础课，各行角色都不例外。从饭后直唱到下午2点，本来此时就较疲倦，何况昆曲唱词文学水平高，不通俗，科班不设文化课，学生文化水平极低，年龄又小，根本不懂词意，好似念经文一般枯燥无味，唱着唱着就困了，所以淘气的学生将昆曲叫“困曲”。

20

科班里能上台演戏的学生，每天都发些零花钱，称为小份，按其台上的表现定标准，少者一枚，多者十几枚。给袁世海发的零花钱，可买两个麻花一个烧饼。他经常只买烧饼，不买麻花，节省几枚钱积蓄起来，交给妈妈度日。

21

袁世海小时候学戏，只有一个想法：我能成！我一定能学成！我长大了，决不让母亲再受穷。我们家一定要过上好日子。

22

袁世海的老师，可以睡中教戏。有一天，他们跟萧先生学戏，萧先生睡着了，他们几个刚停下来不念台词，小声说几句题外话，萧先生立刻说：“别嘀咕！”更奇怪的是，他们若忘了词，萧先生在熟睡中，还能给提词。

23

余叔岩先生是一代卓越的表演艺术家，他对收徒一事极为慎重，颇得真传的是银行界的张伯驹先生。一次，富连成科班参加张伯驹家中所办的堂会，约演的是《失街亭·空城计·斩马谡》。主演者便是张伯驹，他饰诸葛亮。余下的配演者全是当时的名家，如国剧宗师杨小楼、余叔岩等。这种超级的演员阵容，是靠余叔岩和张伯驹的面子和同行义气，否则绝难形成。袁世海为了看这出好戏，躲藏在大衣箱案子底下，被下垂的桌布遮掩起来。大队走后，他再爬出来看戏。他记得，张伯驹临上场前，余叔岩亲自给他整装，足见二人关系之密切。张伯驹的余派风格十足，四声音韵也颇讲究。

24

科班入新生，都是内行人推荐，不断地单个录取，袁世海入科班后，正是“盛”字科，便取名为“袁盛钟”，一年多后，又添了不少新生。“盛”字科人太多，便开了“世”字科，人又显得略少，因此就将“盛”字科中最小的拨入“世”字科。

当时“世”字科中有两个人姓袁，一个叫袁世涌，一个叫袁世泉，都带水。萧先生顺“水”推“舟”，给他起名袁世海。后来，袁世海在舞台上有了点小名气，“世”字辈人已有很多，让他重回“盛”字科。萧先生说:“别再叫‘盛钟’了，人家使‘剩’下的‘钟’没人买，哪有叫‘世海’响亮呀!”于是袁世海这个名字就沿用下来了。

25

袁世海为什么是光头？难道他头上不长头发吗？其因是：在富连成科班学戏时，他的头部被传染上了疥疮。开始，疮口只有拇指大，每天演出，汗沤水洗，很快发展到头顶和脑勺大部。花脸戴盔头，必须勒得特别紧，才能防止做动作时掉下来。由于头上的疮，正好全闷在盔头里，疮面上刚刚结上的一层薄痂，被汗水沤掉，卸装后，黄水又流出来。师兄们劝袁世海不要洗，那时也不懂什么叫消毒，什么叫传染，他就找一块破布照着镜子慢慢将黄水沾干，痛苦难言。

科班内专管剃头的韩师傅，外号“韩一刀”，见他的疮经久不愈，痛苦不堪，就对他说：“头上长疮，用刀子从根上剃一回就能好。你若是咬得住牙，我就给你治一治。”袁世海想与其天天演出天天疼，还不如一气疼完，就同意了。于是，韩师傅就用刀子将头皮刮下来。血水随着刀子，顺着脖子、耳朵往下流。剃一会儿，袁世海就得蹲在一边喘口气，歇一会儿，待疼得轻些再接着剃，满头露肉。疮是根治了，但头顶的大部分头发，也从此被弄光。

26

看电影是袁世海的一大爱好。有一次在富连成科班进行分包演出，途经大栅栏，看见同乐电影院正上演胡蝶主演的《啼笑因缘》，他心想时间还有富裕，进去看一会儿再出来，也不误那边的事儿。不想看入了神，将演出的事情忘得一干二净。电影散场，他才猛然想起，待赶到戏院，早误场了。幸而一位师兄平时和袁世海关系很好，见他没来，以为是赶不及，就代袁世海演出，免了一场祸事。

27

袁世海演戏上瘾，有一个戏的角色要两个人轮流演。双方都觉得，一人演一次不解渴，总想连演几场。为此他们就以“石头、剪子、布”的手式比输赢，谁赢了谁演。谁若侥幸连演二三回，能高兴得蹦起来，演不上的那位，只好自认晦气，眼巴巴地瞧着人家演。

28

有一年冬天晚上12点，袁世海要演戏化装，那个化装室用四根木柱支个席顶，四周没有任何东西可以挡风寒。

冻得他拿不出手，摘不下帽子。他咬着牙，用冻得僵硬的手，拿笔蘸好颜色画到脸上。脸上的温度已顶不过外边的寒冷，颜色很快在脸上结成一层冰，脸又冷又疼。勾几笔，就得用嘴哈哈笔，哈哈手，再跺跺脚，否则笔也会冻上，无法再勾画。

演完戏，卸脸就更苦了。尽量将草纸揉得软些，蘸上豆油，去擦脸上的颜色，往脸上一抹，就像无数把小刀从头顶往下拉，一阵钻心的疼痛，不到10岁的袁世海，忍不住将草纸扔在地上，用手按着脸，不敢抬起来。好一会儿痛才减轻，脸洗干净后，用镜子一照，看见脸上被划了无数个小细口子。

29

袁世海有一个绰号叫“后台狗不理”，其因是：有一年去天津演出，恰好离春和戏院不远就是有名的包子铺——狗不理。那时，这个包子铺很简陋，价钱也很便宜，每天，师兄弟们都去买着吃。有一天，袁世海正在做演出前的准备。这时，有几个师兄弟买了“狗不理”包子带回后台，边说笑边吃。见袁世海又在那里化装，就喊他一起去凑个热闹。他笑着一摇头，继续干他的工作。一位师兄无意中打趣说：“一到后台你就不说话，你快和这个包子铺的名字——‘狗不理’一样了。”一句话逗得大家笑个不停。于是，“后台的狗不理”这个绰号就落到了他头上。

袁世海为什么在后台一言不发？主要是因为，他亲眼见到有的师哥在候场时贪玩，分散了精力，到了台上忘词、错词或是闹出别的大笑话，对他教育很深。所以，自此以后，他在上台演出前，一定进入安静状态，进入角色。他的经验是：戏演得越熟，临上场越是要背，在后台不能贪玩说笑，否则，就容易出问题。

30

袁世海为了保养嗓子，防止出现“痰堵门”或者哑不出声，他就有意识地减少对它的使用率。为此，只要整队出发，他就开始肃静，到后台化好装，就往衣箱上盘腿一坐，头靠在墙上，双目闭起，一声不吭，心中默背场上的台词和动作。谁若来找他玩，或者跟他开玩笑，袁世海都是摇摇头或点点头。久而久之，大家都知道他的习惯，也就不来打扰他了。

31

袁世海为了演好戏，极少吃肉沾荤。他在富连成科班时，为了保护嗓子，少上火，一点荤腥儿也不敢吃。科班伙食本没什么油水，只有逢到晚上有演出或堂会，才会给他们做炖肉熬白菜之类的荤菜，油多，味道很香。可是，他再馋着想吃，也要克制着将肉全部挑出，用水将菜里的油涮出，再泡上开水吃。有时买一些腌萝卜之类的咸菜就着吃。

32

袁世海的求知欲特别旺盛，对一些名家的戏百看不厌。科班中有规定，不准私自外出，可是对他们几个学得好的，则是睁一只眼闭一只眼，略有放松。

晚上查铺时，他们几个商量，留下一人，负责将每人睡铺脚下堆的棉衣、棉裤塞在刚铺好的被窝内，看起来如同有人蒙头睡在被窝里一样。正是用这种办法，袁世海听了很多大戏，如四大须生、四大名旦，无一不有。

33

此时的袁世海常去的照相馆，是大李纱帽胡同容丽照相馆和廊房头条的荣丰照相馆，到那里照相是不需花钱的。他们将演员们照的戏装相，放大加印后可出售赚钱。在当时北京东安市场的相片摊上，经常出售他们科班学生及一些名角的剧照，所以照相馆对他们很欢迎。袁世海每逢年假，都去将演过的角色照下来作为纪念，将一些喜欢而又没演过的角色也勾上脸，穿好戏装，随心所欲地摆个姿势拍下来。

34

袁世海曾和剧作家吴祖光在容丽照相馆合拍过几张戏装相。吴祖光的年龄与他相仿，很喜爱京剧，经常看科班的演出，还常到后台与袁世海等人闲谈。那天照相时，袁世海帮他化装，摆姿式，照了一张《柴桑关》的剧照。吴祖光饰周瑜，袁世海饰张飞。又选照了一张《两将军》的剧照。吴祖光饰马超，袁世海还饰张飞。吴祖光摆的架式神气十足，颇有“将军”的风度。

35

袁世海改学京剧花脸后，就一直模仿京剧名家郝寿臣先生的表演，富连成科班老师又都说他长得很像郝寿臣，所以，他心中对郝寿臣有一种特殊的感情。有一天，他斗胆去拜访郝老师，当他抬手按响郝老师家的门铃时，心就噗通、噗通地跳了起来。他后来回忆这一情景时说：“我也不清楚是怎样回答开门人的问话的，也不知道是怎样被带到一间客厅里的。郝老师坐在沙发上，看我来了，笑着站起，迎我走过来。我恭敬地行过礼，就坐在茶几旁的椅子上了。来到我一向钦敬的郝老师家中，并且是单独地和他坐在一起谈话，我恨不能把几年来对郝老师艺术上的渴慕心情，都说出来给他听听，可就是口不从心，什么话也说不出来，连手和脚也不知怎样放才好。”

36

袁世海讲：“我自从科班学艺以来，不论是学戏还是看前辈们演戏，都只是处于单纯模仿的阶段，只知哪里表演得好，观众鼓掌欢迎，我就偷偷地学过来，找机会使用。但为什么这里演得好，为什么观众欢迎，我知道的就太少了，也从未仔细地想过。自从有了郝老师指导，我才明白了原来词句的增删、艺术手段的处理，是从剧情出发，从刻画人物性格、思想感情的需要着手的。”

37

袁世海的老师郝寿臣成功塑造了曹操、张飞、鲁智深等舞台形象，深受广大观众的欢迎和爱戴，因当年经常在华乐园演出，那里地处鲜鱼口，又称小桥，观众们就亲切地称他为“小桥红”。

袁世海自从改学花脸后，就利用一切时机学练郝老师的台步、台词、动作、唱腔、表演的神情，而且想方设法在外观上也酷似郝老师。科班中若有人谈到郝老师的表演，一旦被他听到，不管是谁，袁世海都要打破砂锅纹（问）到底，非学过来不可。正是这个原因，他学郝老师特别像，所以便被观众称为“小‘小桥红’”。

38

基本上属于文盲的袁世海，为了提高自己的文化程度，他便在学戏前抄写字词，他觉得自己动手抄一遍字词，词就背得快，久而久之，文化也随之提高了。

39

冬天演出，后台都是寒冷的，袁世海的双脚冻上了。先红后肿，最厉害时，脚肿得很难蹬进厚底靴里去，他咬着牙，一闭眼，用手紧紧揪住长靴口，用力往里蹬，随着一阵钻心的疼痛，才算穿上厚底靴。过一会儿，两脚发木就不疼了，也不妨碍演出时在舞台上的蹦跳。演出后卸装脱靴，那贴脚穿的大布袜，早已被渗出的血水粘在脚上。再脱下大袜，脚后跟也就露出了鲜肉，那种疼痛的滋味真是难以形容。冻脚的病根一经落下，就年年如此。

40

有一次，演《花田错》嬉闹“洞房”一场。袁世海扮演鲁智深，裘盛戎扮演周通。他们两个人在后台约好，当周通要“新娘子”（由鲁智深假扮）与他上床时，鲁智深借机要戏周通，向周提出要先打三拳，然后再同意亲一亲的条件。裘盛戎要袁世海只念打三拳，余下念白留给他自己。仓促间，袁世海也没来得及多想他那葫芦里究竟要卖什么药，就被搀入了“洞房”。

演到此处，袁世海提出要打三拳，不料，裘盛戎竟说:“打三拳成，可是咱们还得Kiss。”这个词，袁世海听不懂，脱口问他:“什么叫开斯？”“Kiss就是接吻!”“哟！你怎么连洋文也上来啦!”台下观众大笑不止。

41

袁世海等师兄弟们在演《霸王别姬》时，有时演出日夜两场，卖座经久不衰，场场挤得水泄不通，甚至日场未散，夜场看戏的人已将戏园门及门前街道堵塞，形成了出不去、进不来、难以疏散的场面。京剧名家尚小云从上海演出回京，来看这出戏，他赞不绝口:“这些孩子们有出息，都是些好材料！”

42

袁世海在富连成科班学了7年，结业出科那一天，是1935年农历腊月初五，这一年，他19岁。早晨，他按惯例首先给祖师爷神像上香叩头。再请萧先生上坐，磕头行礼。然后又去师傅家中，给师傅、师娘行谢师礼。为了他的出科，他母亲在几个月前就开始忙碌起来。她借来一笔数目较多的钱，将院里空着的三间南房租了过来。

43

有一年，京剧名家尚小云先生对袁世海说：“你也应该学学书画。书画和演戏同是艺术，一点不懂，不行啊！你看我们这辈人，畹华（指梅兰芳）、叔岩（指余叔岩），全是一手好书画。来，你练练，我教你。把那张报纸拿过来！”尚先生很快就在报纸上一笔写下几个字。“为善……”袁世海勉强认出前两个字。“为善最乐！照我的样子写，拿杆小些的笔！”他接过尚先生递过的毛笔，模仿着在砚台上蘸满墨汁，哆哆嗦嗦地写出这四个字。尚先生鼓励着说：“练练吧，练练就好了，谁也不是生而知之，都是学而知之。”

44

袁世海讲，尚小云先生性情比较急躁、脾气大，但他为人爽快侠义，待人热诚。袁世海亲眼见到一些家中贫苦、要求救济的人，找到他的门上，尚先生从没有让他们空手而回。尚先生在工作之余，为给袁世海他们排戏，说得唇焦口燥也毫不在乎，还经常热情地留大家在他家吃饭。

45

袁世海从富连成科班结业之后的第一场演出，是和尚小云先生一道出演《汉明妃》，获得成功，演出结束后来到尚先生家中共进夜餐。席间，尚先生说："你这小子，真有心胸，挺能干！戏演得不错，我还直担心，怕你怯阵，撒不开。有出息，好好干吧！这是给你的辛苦钱，以后的戏份可没这么多！""再有……你穿的那件海溜领大衣还可以，头上戴的呢子帽，显得不般配，寒碜。我有顶海溜帽子，送给你吧！"

46

袁世海结业后参加演出，收入很低，日子很难过，他母亲安慰儿子说："唉！别着急！急有什么用，好在还有科班那20元戏份，日子还能过。再托你四大爷出面，求曹大爷给个情，先别要利息，哪怕利上加利，将来有了，再一点点还。慢慢熬着吧！日子长着哪！”此时的袁世海心里想：“我得继续苦练。我不相信有本事吃不上饭；我不相信，我们家就永远这样穷下去。”

47

1936年大年三十，袁世海没敢回家，在外边遛了一天大街。他在富连成科班时欠的账，不过是十几元、几十元，眼下的账是百元、上千元，债主不断地前来讨账。后来据他母亲回忆说：“这个年三十真不好熬，每包几个饺子，就要应付一位讨账人。”只有他和尚大爷出面借的一千元，曹掌柜不来催账。这位掌柜说：“你好日子会有的，我不着急。我这点钱也来之不易，咱们先记着吧。”他采用利上加利的办法记账。尽管两年后袁世海还账时，这一千元的借款已变成了二千多元，但对他们肯延缓还账的期限，袁世海非常感激。

48

1936年，京剧名家高庆奎先生突然哑嗓，停演了一段时间，经治疗有所恢复，迫于生计，再次登台，观众颇有久别重逢之感，购票极其踊跃。结果竟事出意外。他饰演宋江，首次出场刚在幕内念出一句：“列位，少陪了！”袁世海的心就咯噔地沉下来，怎么高老先生的嗓音，完全失去了原有的高亢、嘹亮，变得干涩、沙哑啦？后台的人们也都惊讶地竖耳静听，大家都为老先生暗暗捏一把汗。

老先生上场了，几乎陷入无声地演唱，到袁世海上场时，老先生完全失音了。全凭眼睛、手式、动作与他对话，他望着老先生那认真、严肃的神情，看见他那从脸颊上滚落下来的黄豆粒一般的汗珠，痛惜、焦虑的心情更添了几分。袁世海竭尽全力放开喉咙，让观众听清，以协助他们理解宋江的无声表演。

观众的情绪、态度令人感动，面对舞台上的半哑剧表演，他们竟能长时间地屏气而看。该静场时，场内静无声息，逢老先生表演到精彩之处，仍报以热烈掌声，绝大多数观众都坚持到最后。

49

出科以来，袁世海一直坚持喊嗓、练功。除了外地巡演，即使是情绪最低沉的时候，他也从未间断。每天5点左右起床，到北京先农坛城墙下喊嗓。冬天，面对城墙练念白，直练得冻得僵硬的嘴唇和全身都发热，城墙上留下一层唾液结成的冰霜。夏天，会念得浑身是汗，城墙被飞溅的唾液浸湿。久而久之，他喊嗓所对着的这块城墙留下了一片难以去掉的唾液痕迹。

50

有一次在北京演出，袁世海忽然发现台下前排座位上，有一副非常熟悉的面孔。他不敢相信自己的眼睛，是京剧名家郝寿臣老师看戏来啦！他顿觉全身发热，脉搏增快。刹那间，袁世海意识到自己是在舞台上，不能分神，于是很快控制住了自己的情感。他想，有朝一日，一定拜郝老师为师。

袁世海剧照。

51

余叔岩为收徒弟李少春一事，特将这位徒弟叫到家中告诫说:“你的条件很好，文的、武的都行，这是好的。但是，你在一个晚上，唱一文一武双出，我不同意。让观众从哪个角度来欣赏你呢？你的精力也势必分散，不如集攒力气演一出效果好。艺术是千锤百炼的精品，你既拜我，我就得过问你的艺术。以后，不要在一晚上演一文、一武双出。还有，我不愿见你演《真假猪八戒》这类戏！这种戏不是艺术，是‘什锦杂耍’。每出戏的好唱段，都是费一番功夫琢磨出来的，不是东摘西凑凑成的。艺术不是‘拼盘’，我不吃这种‘拼盘’，也不教你‘拼盘’，你更不要卖‘拼盘’！”

52

在李少春拜师余叔岩的盛会上，袁世海看到郝寿臣先生走来，便赶忙过去，向郝老师施礼问候。郝老师说:“几年不见，真长成大人的模样了。有二十岁了吧？”“二十二岁啦!”“好哇！你台上也很见出息!”

53

袁世海的老师萧先生不止一次地对他们讲:“不论住房三间、五间，所挣钱多钱少，也要想办法住独门独院。不然的话，前来邀角的人，看你住在大杂院里，没有角的派头，原想给你五百元的包银，眼珠一转，告诉你包银只给三百，料你生活不宽裕，钱少，也不敢推辞。”

54

袁世海他们为了生计，四处流动演出，受尽日本人和汉奸的欺诈。他们借机勒索钱财是轻的，寻衅破坏更是司空见惯。曾听说演员童芷苓从上海返回北平，因为钱没事先付给，他们借搜查戏箱为名，故意倒翻一瓶蓝墨水，致使箱内一幅白缎子上绣五彩孔雀的精致大帷幕被玷污，完全报废。另有一位演花脸的演员，一副二尺多长的髯口，被他们从中截成三四寸长，再也无法使用。制作髯口所用的犀牛尾极珍贵，又缺少，竟被如此糟蹋，受害者有苦难言。

55

有一年，袁世海他们来到吉林省长春，这里当时是日本帝国主义操纵溥仪建立伪满政府的首都，改名新京。街上买卖经营少，气氛萧条。看戏观众也少，营业极差。大家终日提心吊胆，称此地为“心惊”。原订演出半月，只演七天，就离开这“心惊肉跳”的地方返回关内。以后，他们再也未去东北演出，直到解放。

56

关于师生同台演出学生很拘谨的问题，袁世海的老师萧先生告诉他："在台下，你是我的学生，我是你的先生，你得尊敬我。到了台上，《法门寺》这出戏中的贾桂，就是刘瑾的奴才，他得处处巴结着主子。你演的刘瑾一叫'桂儿'，我就得毕恭毕敬地答应'喳！'忘了那句话了？台上无大小！有什么不好意思的？孩子气！咱们师生同台，不算什么。"

57

袁世海为了静心养生习惯于在中午坐着睡觉。其因是：名丑刘斌昆曾这样告诉袁世海："上海这个花花世界，无奇不有，容易糟蹋人。想要成角儿就得自重，光是不学坏不成，还得学好。我每天早晨都到兆丰公园练气功，求些养生之道，所以难得生病。"

袁世海讲："能不能教我练练你的'养生之道'呢？"他说："这种气功，不好学，你还年轻，不适宜。你可以练习坐着睡觉。"袁世海不解地问："坐着睡觉，哪儿能歇乏呢？""我说的是中午。你每天吃过午饭，坐在椅子上，两手掌心向上自然地放在腿上，闭目静心养神，睡不着也有好处。慢慢地会睡着的。假如能睡上一个小时，效果会更好。日久见其功。贤弟，信得过，你就试试。”袁世海照他的话开始练习坐着睡午觉，逐渐养成习惯。

58

在舞台上，演员之间融合默契的互动刺激，力量非常大。袁世海的老师萧先生曾这样告诉他：“在舞台上，跟有名望的前辈们演出，更需要有股子比劲，要有将他比下去的劲头，你就撒开手脚了。”

59

上海一些电影院装有译意风，专演外国电影。袁世海在那里看了《碧血黄沙》《罗宾汉》《人猿泰山》《鸳梦重温》《魂断蓝桥》《蝴蝶梦》等许多电影，遗憾的是影片中讲了很长时间的话，译意风里才翻译出一二句，令人着急，故事也只知梗概。

60

1939年马连良先生改编上演新戏《春秋笔》，说的是北魏时，外寇入侵，朝中大将檀道济坚决主战、奸相徐羡之主和的故事。袁世海扮演檀道济，重点是“巡营”一场，在陷入内无粮草、外无援兵的困境之下，檀道济耐心地向三军陈明利害关系，鼓舞士气，最后一段是：“我今已设法筹粮，待等粮草一到，我们即当奋勇杀敌。如今你们不能忍受一时之苦，倘被敌军知晓，乘虚而入，那时，我们不仅性命难保，就是北魏江山，也要付于敌人之手，可怜百姓们必受那刀兵之苦，陷入水深火热之中，岂不做那亡国的奴隶！”

观众们聚精会神地听着、看着，他们受剧中情节的感染，当听到“岂不做那亡国的奴隶”时，剧场内立即响起了振奋人心的掌声，袁世海讲，这是他以前舞台生涯中，从未遇到过、从未获得过的掌声。掌声告诉他，他在舞台上说出了观众心里的话：收复失地，赶走日军。

61

抗日战争后期，李世芳、袁世海到上海演出，请梅兰芳先生看《霸王别姬》和《宇宙锋》两出戏。事后，李世芳和袁世海一起到梅先生寓所听取意见。梅先生对李世芳表演上的不足之处，一一加以指点。但说到舞剑时唱“英雄四路起干戈”一句时，在这句最后有一个舞剑姿态，梅先生说：“这一个姿态与我演的不一样，你不要改，很优美。你再做一遍让我看看，我要把它拿过来。”后来，梅先生再演这戏，果然把李世芳的表演吸收到自己的表演中。梅先生向自己的弟子学习，这种不耻下问和艺术上精益求精的精神，使在旁边看着的袁世海感到非常意外，因而也受到很大教育。

62

谈到《宇宙锋》，梅兰芳先生对袁世海说："你演的赵高，在赵艳容做戏时，你不是傻坐着，懂得陪衬，有戏。将来有机会，我一定要跟你唱这出戏。"听了梅先生的赞扬，袁世海非常得意。但对梅先生说的要他配演《宇宙锋》，认为只是一句前辈勉励自己的话，未敢当真。谁料到了解放以后，有一天，袁世海忽然接到通知，梅先生要到中央党校的一个晚会上演出《宇宙锋》，要他去配演赵高。第二天，袁世海到梅先生那里去说戏，梅先生提起当初在上海时说的话："十几年的愿望，今儿个才得实现。"

63

梅兰芳演《龙凤呈祥》时，饰演赵云的盖叫天走到梅先生跟前说："我今天的赵云，是梆子派的，戏路子和你的不一样。"听了盖先生这番话，梅先生不禁抬头一看，盖先生的打扮果然与一般京剧赵云的扮相不同。按说当时这台演出，梅先生地位、威望最高，戏怎么演，应以梅先生的路子为准，临时提出要改变路子，该怎么办呢？但见梅先生笑吟吟地站起来说："行啊！就照你的路子走。"于是，盖先生在前面上，梅先生在后面跟，就对起戏来。只走完一遍，梅先生就说："好了！在台上你就这么走吧！放心好了，错不了！"到台上，果然就是按盖先生的路子演下来，圆圆满满。梅先生这种尊重别人的谦虚精神，给年轻的袁世海留下了深刻的印象。

64

袁世海曾在上海滩演出近四个月，在灯红酒绿、无奇不有的花花世界里，他一直牢记着老师萧先生提示他的"警世之言"，要洁身自爱，对自己进行约束。为了事业，他没有学抽烟，更不学抽鸦片，也没有酗酒。他爱听流行歌曲，晚间，去饭店喝一杯咖啡，听歌星演唱，但不下舞场，更不去接近女色。他清醒地知道，许多有条件的、刚露头角的演员，就是"红"在上海，葬身于上海。稍一忘乎所以，就会难以自拔。

65

袁世海对自己的婚事，曾暗暗立下誓愿，在事业没立住、生活没安定下来之前，暂不考虑。因此，出科后几年来，不断有人给他提亲，一些有名望的同行前辈也愿将女儿或亲戚给他提说，甚至情愿以房子做陪嫁。袁世海不愿过早谈及此事，更不愿攀高枝，不愿依靠陪嫁，沾妻子的光度日。他说："自己娶得起，便养得起；养不起时就先不娶。所以，我将所提的亲事都婉言辞谢了。"

66

朋友给袁世海介绍了一个对象，名叫任遇仙。小他4岁，见了一面，袁世海很满意。事隔几天，这位朋友给他送来了任遇仙的八字。所谓八字就是写着她的生辰年月日时、属相以及父母的生辰属相等的庚帖，再连同袁世海自己的八字庚帖，一齐交与东安市场卦棚里卜卦先生给他们合婚。

过去，男女双方的婚姻，虽凭媒妁之言，父母之命，但"合婚"也是一个关键步骤。这卜卦先生将亲事合个上等婚，不成的婚事也许成了；若合个下等婚，一对美满的姻缘也有可能就被拆散。袁世海的婚事合为"中等婚"，他对此不十分看重。

67

袁世海谈对象时，曾遇这样一件事：一位朋友家的亲戚，姑娘挺不错，没想到合个“下等婚”，袁世海点头说不在乎，他母亲有点不愿意。正拿不定主意，女家来人说八字写错啦，需要取回重写。他母亲想这可好了，劝儿子拿改好的八字再合合，也许不会是“下等婚”了，儿子不愿意，他说，写“八字”是姑娘一辈子的大事，哪能写错来回改呢！

68

1940年阴历二月初七，袁世海和任遇仙举行结婚典礼。尚小云送给他一幅精致的画《送子图》，以作纪念。画面上是一株石榴树和“囍”字，七个顽童在树上地下抢摘石榴。袁世海非常喜爱，一直将它挂在卧室，直至1966年“破四旧”，被迫烧毁。

69

袁世海结婚度蜜月，来到了青岛。有一天下午，到海滩散步。他诗兴大发：“海水滔滔波浪翻，山高万丈遮蔽天。新婚到此度蜜月，夫妻携手游海边。”

70

袁世海是先结婚，后恋爱。他在婚后将家世告知任遇仙后，她说：“你放心吧！在家的时候，我妈就反复地叮嘱我：要孝顺妈，伺候好你，做个贤妻良母。我也是这么想的。我父亲也是很早就去世了，剩下妈妈支撑那个小杂货铺，拉扯我们兄妹三个，也难极了。我完全能理解你的心情，会尽力孝顺老人家的。”

71

袁世海的老师郝寿臣以饰演曹操的剧目为最多，在多达近20出剧目中，饰演了不同时期、不同境遇的曹操。他精读《三国演义》，将曹操的脸谱谱式、服装、台词，及唱、念、做的表演形式，都给予大胆创新，被赞誉为“活孟德”。郝老师与梅兰芳、杨小楼、马连良、程砚秋、高庆奎诸名旦、名生并牌合作，大大提高了架子花脸的地位。

72

袁世海幸运地饱览了郝老师的高超艺术，深深地被他的艺术魅力所吸引。他是这样评价郝先生的:“郝老师舞台下为人正直，像莲花一样出污泥而不染。生长在那糜烂、没落的旧社会，他不抽烟，不嗜酒，不近女色，可与萧长华、程砚秋先生并美。堪称为人之师表。他是我心目中最崇敬的老师。

73

1940年，袁世海渴望拜郝寿臣为师的机缘已经成熟，他去郝先生家中谈了这个愿望，郝先生兴奋地说:“好哇!你久有此想，我很高兴。年轻人，应该好学、求上进，你是我收的第三个徒弟。我老了，已退出舞台，这点艺术，是我费了多半生心血才得来的。我愿意都掏给你们，传下去。能不能接得过去，就看你们是不是真用心。‘功到自然成’，这也算是老师给你的见面礼吧!”

74

郝寿臣家中客厅有块镜框，里面镶嵌着书法，四个大字:“名能寿世”。郝先生对袁世海说:“这是一位大学教授书赠我的，‘名能寿世’言下之意是让我的名望红极一世，名传一世。我挺喜欢，配了镜框挂上。不想，如今这字应到我们爷俩儿的头上。你看，正好用了我名字中间的

'寿'字，你名字中间的'世'字。这是天凑！主啊！”郝老师虔诚地将右手放在胸前，随口念“阿门！”头略一低行了个基督礼。

郝老师对当时社会现状不满，看不惯人与人之间尔虞我诈，二十岁时加入基督教，将美好的希望寄托于“救世主”。他对袁世海说：“放心，你拜了我，我也不劝你入教，咱们爷俩儿各信其道。”

75

1940年12月27日，袁世海在北京长安街西来顺饭庄举行了隆重的拜师仪式。按照仪式程序，他给老师磕头、认师。京剧名家尚小云、萧长华、马连良等诸位前辈致词鼓励。郝老师提出要教者诚心，学者用心。

郝老师也按照传统习惯给他一份“衣包借牒”，这原是出家拜师，师傅赐给徒弟的见面礼，一直被梨园界借用。其中共有四样礼品：一个化装用的彩匣子，一件穿在戏装里面起支撑作用的胖袄，一条红色镶白骨的玉带，一双厚底靴。

76

那一天，袁世海拜师结束后，他怕老师太累，起身告辞。郝老师摇手相留："别忙！别忙！这些天，忙的都是些给别人看的事，现在轮到咱们自己的事了，我一点不累！我的行头（戏衣）都归你，意味什么？"袁世海说："希望我能将您的艺术传下去。"郝老师说："对！你既拜了我，我就要诚心诚意地教，你也要踏踏实实刻苦学。不要徒挂虚名。"说这话时，郝老师的态度严肃极了。

77

袁世海结婚以后，生了两个孩子都没有成活，第三胎是在上海生的，旧历九月初九，那天正是梅兰芳的生日，他买好了祝贺生日的大蛋糕，准备去给梅先生拜寿，医院来电话，说他的夫人生了一位千金，母女平安，这就是他现在的大女儿袁菁。在抗日战争即将胜利的前夕，他夫人再生下一对孪生兄妹后，过早地离开了人世。这对孪生孩子，妹妹夭折了，哥哥取名袁峰，就是袁世海的长子。1946年春天，袁世海续娶了迟福媛，她是富连成科里同科的"世"字辈迟世恭的妹妹。19岁的迟夫人承担了全部家务，后来又生了一男二女，取名袁小海、袁宏、袁军。

78

袁世海的腿上有病，只能在地上蹲一会儿，就必须站起来。这个病根是小时候在富连成科班落下来的。有一年，他发高烧，心里的毒热全归到了腿上，左腿从膝盖到腿肚子，都肿成青红色，虽不太疼，可是不会弯腿下蹲，上厕所只能左腿伸直，右腿下蹲，困难之极。为了演出他忍着疼痛，狠压腿、猛踢腿。有时只踢几腿，就疼得浑身冒汗，停下来站一会儿，疼痛减轻后再接着踢，日复一日，腿逐渐就好了。但是这种不科学的治疗法，使他的腿留下了一个终生的病根。

79

袁世海曾说："作为一名青年，我未能拿起刀枪，奔赴抗日前线，为拯救灾难中的祖国贡献力量，是我一生中的憾事。"

80

1948年，国民党政府为了打内战，一直在滥收兵役费。这年11月12日，一个保甲组织的征兵组长，到他家来摊派所谓"荣誉费"，硬说他家应是甲级户，应缴纳金圆券200元，实际上就是来讹诈。袁世海认为这样收不合理，只认可缴出50元，于是和那个组长吵了起来，越吵越凶，还动手打了那人一下，这下可捅了娄子，一顶"抗交兵役费，妨碍兵役工作”的帽子就给他戴上了，把他拘留起来。

81

为了解救他，袁世海的很多朋友到处奔走，钱花了不少，总算把人保释出来。他还两次出庭受审，到最后被“宣判无罪”释放。在审问的时候，还出了个笑话，因为这是一个政治案，他又是一个名演员，法官问他有什么“背景”，他回答说：“我们唱《野猪林》，我身子后头就一棵柳树，没别的背景。”法官无奈只好说：“去，去，去！”他就下去了。他把“背景”误解为“布景”，歪打正着，把一场审问给搅了。

82

1950年，袁世海所在的剧团，和另外一个剧团都排演了《将相和》。著名戏剧家阿甲在看过这两个剧团的演出后，写了一篇题为《谈〈将相和〉的人物思想与表现艺术》的文章：

“像这样两个剧团的名演员，同时演一个新戏。大家都要求把戏演好，竭力向观众争取效果，那种竞赛的心理是必然的，也是进步的。因此，为了使自己充分发挥特长，对剧本的唱词、穿插，都有些变动，加工揣摩……我觉得这次最好的现象，主要还不在个人演技的发挥，而是在这两个剧团的名演员，在演这一个戏时，肯互相学习、互相观摩。这却是过去很少见的，因为行会主义和名角身份是妨害他们这样做的。这一个榜样如能继续下去，将打开整个旧剧界对戏剧保守的落后观点，甚至养成文艺批评的民主作风。”

83

1950年9月著名话剧导演洪深看了李少春、袁世海演出的《将相和》后，他在《演技漫谈（一）》中写到：

“在台上表演一个人的转变，是不太容易处理得使观众相信的。不必说是一个人的彻底的‘人格转变’了，即使仅为一时的‘态度转变’，例如‘恼羞成怒’或‘转怒为喜’之类，必须要有过程：有层次，有步骤。如果太匆忙、太潦草，就会显得不真实……李、袁合演的《将相和》在基本上是成功的，台上的一切，确能支配目前台下观众的思想与感情。这正是戏剧艺术应须达到而不常达到的境界。”

84

1950年11月，在北京召开了全国戏曲工作会议，袁世海参加会议。周恩来总理在文化部举行的宴会上，向每个与会代表敬酒，在讲话中说到戏曲与戏曲艺人在旧社会饱受反动统治者的侮辱迫害下，一直受着广大劳动人民的爱好与支持。今天，艺人们和全国人民在一起翻身做了主人，在社会上政治上有了地位，这才有今天五湖四海大会师的戏曲工作会议。许多老艺人当场流下了热泪，他们真切地体会到在新中国里，戏曲艺人被尊重为文艺工作者，演戏不再是演那些达官贵人们视为玩乐消遣的东西。

85

袁世海的老师郝寿臣，在新中国建立时，已经脱离舞台生活11年了。看到解放了的戏曲工作者站起来了，心里高兴，为了能为抗美援朝、保家卫国、捐献飞机大炮出一份力量，不顾自己六十高龄，毅然剃掉胡须，重新粉墨登场，参加了一些重要的演出活动。他的爱国热情给了袁世海很大的激励。

86

《将相和》这个戏受到了广大观众的欢迎，被视为建国以来“推陈出新”的优秀剧目之一。1954年，袁世海等参加了到云、贵等地慰问解放军的活动，他们演出了《将相和》，慰问团的领导是田汉，他在文章中写道：一些官兵写信给剧团说：“看了你们的戏好像听了一次团结问题的大课。这戏不止高级干部看了有教育意义，对于我们中下级干部也是有益处的。因为高级干部之间的不团结，必然会影响到双方的部下。”

87

《李逵探母》是一出着重描写母子之情的戏，在“情”字上狠下功夫。袁世海幼年丧父，母亲年轻守寡。他非常孝敬母亲，从懂事的时候起，就总是想让母亲过上好日子。母亲对儿子更是百般疼爱，总是牵肠挂肚；得到儿子要回来的消息，早几天就坐立不安，朝盼暮望。回来的那一天，老太太准迎到胡同口，老远就扑向儿子说：“你可回来了！”然后把儿子上上下下瞧个够。袁世海自己的生活经历，与李逵探母的感情产生了共鸣，使他每唱这出戏时，都很容易触动真情，使人感觉到，他不是在演戏，而是真如其人。

88

1955年12月，在欢迎民主德国政府代表团的晚会上，袁世海参演了《除三害》，演出结束后，周恩来总理陪同贵宾登上舞台，向演员致谢。

89

1956年6月1日，演出《霸王别姬》，梅兰芳演虞姬，袁世海演霸王。这个戏把原来的整本精简了，但是力求故事完整，有头有尾。梅先生讲："我和扮演霸王的袁世海同志以及其他同场的演员，都仔细地反复排练，力求纯熟。"

90

1956年6月2日，日本天皇的弟弟三笠宫和王妃也来看戏，剧目是《空城计》《秋江》《猎虎》《霸王别姬》，整整演出了四个小时。三笠宫对梅先生说："我的哥哥——天皇，在宫中看了电视，很钦佩以梅兰芳先生为首的中国京剧代表团的精湛演技。"6月4日，中国京剧团参观了日本早稻田大学演剧博物馆。在展览室里，袁世海忽然看见

老娘不必珠泪降

——选自《李逵探母》

1= C $\frac{1}{4}$

袁世海 演唱

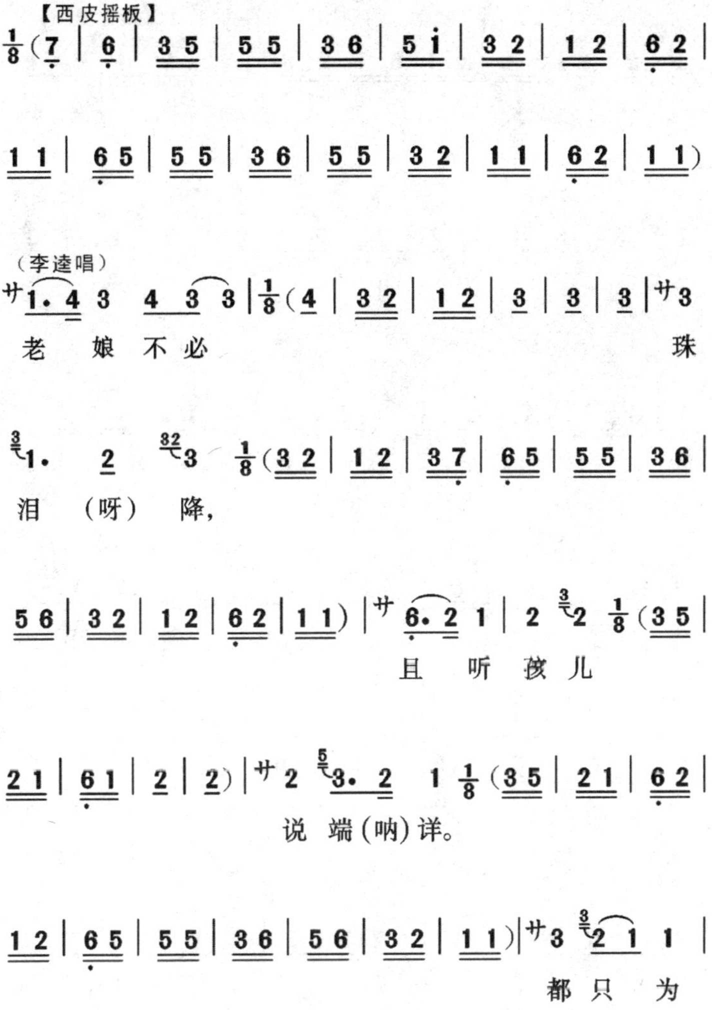

袁世海演唱的《李逵探母》唱段歌谱。

儿的性情(啊)粗鲁
渐慢
【二六】慢
把祸来
闯，因此上逃往江州把身
藏，结交了众弟兄待儿的
恩义广，好比那同胞手足
我们互相就在一方。老娘(啊)
亲想孩儿终日里哭，把那

双眼呐直哭坏，儿想娘两眼
望穿，娘心挂在儿的胸膛。今
日里回家来接娘把
叫散
富贵享，愿老娘福寿绵（呐）长（大大）
快乐安康。

了他13岁时的一张剧照，扎靠勾脸。梅兰芳记述了袁世海看到这张照片时的情景："他站在这张照片前面说道：'小孩子扎上靠真是不胜负担。'看出他对童年在科班学艺的生活，有深长的回忆，使当年的辛苦与今天的幸福交织起来。日本方面知道他没有这些照片，就答应复制一张送给他。"

91

1956年8月，袁世海随中国艺术团去智利、阿根廷、巴西、瑞士友好访问7个月，他任京剧队长。与杜近芳合演《霸王别姬》，效果很好，谢幕达七次之多。演出后举行招待会，在会上人们评价《霸王别姬》是中国的"莎士比亚悲剧"。

92

1956年，北影拍摄《群英会》戏曲片，袁世海为报答郝寿臣老师，用所得酬金的一部分，为老师拍摄了几十幅彩色脸谱照片，完成了郝寿臣的一生心愿：出版了《郝寿臣脸谱集》。

93

1957年拍《群英会·借东风》电影，原来请郝寿臣演曹操，但是因他年事已高，试演一次，感到体力顶不住，为了艺术的完整，他便推荐袁世海来演：“这出戏等我的徒弟来吧。”把这个艺术形象永世留存的机会，让给了得意高徒。这时袁世海还正在国外访问演出，他回国刚一下飞机，就通知他参加这部电影的拍摄工作。剧本是萧长华整理的，分上下两集，上集《群英会》，下集《借东风》。

94

1958年，号召全民学习书画，演生角的李少春画了一张“雄鸡啼晓”，演净角的袁世海，学习临摹齐白石先生的“富贵牡丹”，在北京人民剧场的春节联欢会上展出。大家曾评论，李少春的画，工笔细致，清新淡雅，酷似一“生”；袁世海的画，写意粗犷，色如泼出，俨然一“净”。

95

1958年《响马传》演出时，周恩来总理来到中和戏院，后台谁都不知道。总理看完戏到后台来说：“你们的戏真好哇，这个戏，我推荐你们后天到怀仁堂去演，给主席看一看。作为十年献礼，要加强阵容。”在怀仁堂演出时，毛主席、朱老总都看了这出戏。

96

1958年，袁世海在京剧《白毛女》中扮演黄世仁，他说：“我演黄世仁，那时理解这个人物不很准确，不能算成功。地主压榨农民，剥削农民，蹂躏妇女，这本是地主阶级的本性，是一个整体。可是我们那时给分开了，我们以黄母与穆仁智表现压迫剥削的一面，而在黄世仁身上只强调他好色，蹂躏玩弄女性的这一面。一上来就心里惦着喜儿，唱的是‘那一天到田地儿里，看见喜儿长得真不离’，人物的行动主线就是为了喜儿，压迫杨白劳也是为了喜儿。由于不熟悉农村的生活，我演的黄世仁，缺少土气，不像个地主，而像个城里的大少爷。”

97

1959年，建国十周年大庆，各行各业都为这个喜庆的日子献礼。中国京剧院决定排演《九江口》，由袁世海主演。如果说《将相和》《黑旋风李逵》《李逵探母》，使京剧架子花脸艺术得到了很大的发展，那么《九江口》则使袁世海的架子花脸艺术来了一个大飞跃。

袁世海后台剧照。

98

编剧范钧宏在《九江口》改编散记中写道：

“袁世海同志丰富的舞台经验和勇于创造的精神，对我也起了很大的促进作用。他不但准备在‘架子花’的基础上，融合原来两种不同的表演路数，而且更准备从麒派、盖派的表演方法中吸收营养，进行创造。总之，他鼓励我放手写下去，只要从人物出发，甚至出个难题，

‘将’他一‘军’，也不妨事。

此外，世海同志虚心听取意见、接受意见以及不断修改的精神和做法，也是值得一提的。从《九江口》开始上演起，他总是四面八方地搜罗意见，然后共同商量。他善于听取意见，但又不是‘有闻必改’；当然更不是以听取意见作为‘虚心’的表现。他对待各种意见的基本态度是，虚心听取，慎重考虑。尊重观众，更尊重作者。”

99

1962年《戏剧报》第4期上，刊载戏剧评论家戴不凡的文章《魄力雄强精神飞动的演出——看袁世海演〈九江口〉散记》:“袁世海同志运用了一系列很吸引人的搿须、抖手、踢袍、翻袖、抓袖动作。它们在这里显得很有生命力，恰到好处地配合那层出不穷的架式和瞬息万变的一对眼睛，把人物的神态和戏的气氛，分外精神地表演出来。在人物感情最激动的时刻，世海同志就没有采用京剧的传统演法。他站着的姿式和问天时的表情，很近似话剧表演，但是，人物内心中说不尽、说不清的千言万语，在这个肃穆画面中，给人的印象却是强烈不过的。他翘首向天，苍天无语；他心中悲愤，欲哭不能；他热泪盈眶，欲辩无策；敌人就在身旁，却无法揭穿处置。在这样的场合下，我想，如果是采用京剧一般的表现方法，效果恐怕不一定会超过这种显然是近乎话剧风格的表演的。”

100

梅兰芳排演《穆桂英挂帅》，这是梅先生在解放后第一次排的新戏，袁世海参加了演出。有一篇评论文章中写道：“在向国庆献礼演出中，前一辈的演员，正在和青年人比干劲。66岁的梅兰芳，已经二十几年没有排新戏了，但是为了向国庆献礼，在今年他以很短的时间排演了新戏《穆桂英挂帅》。这个戏由中国京剧院李少春、袁世海、李和曾、李金泉等合作演出，更显得珠联璧合。成为京剧艺术发展中的一个高峰。”这一年袁世海43岁。

101

1960年4月，中国艺术团赴拉丁美洲和北美洲，访问委内瑞拉、哥伦比亚、古巴、加拿大等国，共用了7个多月的时间。袁世海任京剧队长，他们带去的京剧剧目有《拾玉镯》《秋江》《霸王别姬》《三岔口》。还带了两台全本文戏：《野猪林》《白蛇传》。这些戏的演出，都受到极大的欢迎。

在委内瑞拉，曾在庆祝这个国家独立150周年的大会上演出，会场上有3万多观众。报纸赞美中国艺术家的表演是“伟大的神妙”。

102

演出在加拿大反应强烈。当时中美尚未建交，许多美国观众都赶到加拿大来看戏。有的观众热情地到后台向演员祝贺，甚至有人喊出：“新中国万岁！”中美建交以后，一些当年曾去加拿大看过戏的侨胞和美国朋友到中国探亲、访问，见到袁世海，谈起当年他们看过的《野猪林》和《白蛇传》，还怀念不已。

103

加拿大的一家报纸对京剧有这样的评论：“这种戏剧的程式是如此的完美，以至我们不断地为它的精细、完美和善于利用一切舞台因素而惊叹！”“包括了一切戏剧语言：脸谱、哑剧、姿势、对白、歌舞、服装、布景……这一切因素构成一个和谐的整体，并互补长短，创造了一种放之四海而皆准的语言，任何障碍也不能阻止这种语言在任何地方被任何人所了解。”

104

1960年12月23日，中国音乐家协会和中国戏剧家协会，邀请首都艺术界座谈演员嗓子问题，文化部副部长齐燕铭、艺术局局长周巍峙等领导也在座。座谈会由田汉、吕骥主持，梅兰芳、马连良、李少春等都对如何练嗓子、保护嗓子，介绍了自己的经验或教训。

袁世海介绍了郝寿臣老师教导的“清食”、“养气”四字妙诀。他的体会是“清食”是指饮食起居要有规律；“养气”是指珍惜精力，不无谓地消耗精力，经常保持心情舒畅。嗓子要养，但是又要练，这是辩证的关系。过分地吊高腔，只用不养就要把嗓子用毁了；但只养不练，腔就搁生了。

训练嗓子，练唱是一方面，练念也是最重要的一方面。因为唱的时候有板眼可循，当中还有过门，间歇较多，练起来比较方便一些，这是有窍门可找的“活功夫”。可是念白时候，当中没有间歇，没有一定的规矩可循，所以无法藏拙，是“死功夫”。常说的“千斤话白四两唱”，也就是这个意思。只有踏踏实实地练，“死功夫”才能见效。

105

著名戏剧艺术家翁偶虹评价袁世海："最初他的嗓子不算太好，他出科以后，努力锻炼嗓音，日有进步。在念的方面，他是唇、齿、喉、舌、鼻五音俱畅，刚、劲、爽、厚、炸五好俱全。"

1997年2月，袁世海在家中。

106

1962年，袁世海参加拍摄电影《野猪林》，扮演鲁智深。这个电影由崔嵬导演，他既懂戏曲，又懂电影，其经验是:“电影要服从戏曲，不能离开戏曲这个基础，既要保持舞台风格，但在一定程度上又要打破舞台框框。利用电影艺术的表现手段，要更加发挥戏曲艺术的特点，力求做到虚实结合、情景交融、优美动人。”文化学者冯其庸看了这部电影后说:“袁世海的鲁智深，演得那样浑厚而又鲁莽，是一个天生的鲁智深。”

这部影片从1962年9月到11月间拍成，周恩来总理和陈毅、罗瑞卿副总理到北京电影制片厂审查，对之甚为赞扬。1963年在北京等地放映后，又在香港以《林冲雪夜歼仇记》的名字映出，甚得好评。

107

《红灯记》在1964年参加全国京剧现代戏会演时，袁世海扮演鸠山。他那时不愿意总在现代戏里演反面人物了，一心想要创造一个正面的英雄人物形象，他想演李玉和。他说:“排不上A角、B角，排个第C、D、E角也行，让我试试，我有我的演法。”最后未能如愿，他只好演了个日本鬼子。

108

1965年，袁世海在《乘东风，扬鞭前进》一文中说:

“不少同志要我谈一谈如何扮演现实生活中反面人物的经验。我的经验也不多，只能谈一谈点滴体会。我过去演传统戏，无所谓正面或反面，一般地以为刘备就是好人，曹操就是坏人，在艺术处理上也各有千秋，有时甚至把反面人物当主角来演。现在，演革命现代戏就不同了。革命的现代戏是表彰、塑造正面英雄人物为主的，据我理解，革命现代戏中的反面人物，他的任务，是衬托正面人物。通过《红灯记》的排演，我认识到，对反面人物的扮演必须是严肃的、恰到好处的，无论过分夸张或者简单化，都不利于正面人物的刻画。因此，我演鸠山，基本上是根据舞台上树立李玉和那高大形象的需要，有层次地刻画鸠山那貌似强大、其实渺小的内心世界。为表演鸠山这个人物而作的继承、改革和创造，也都是围绕着这样的目的。我以为，在革命的现代戏里扮演反面人物，应该力戒卖弄、哗众取宠和自我突出。反面人物有时也会获得观众的笑声，但那必须是来自对他空虚的灵魂、丑恶的思想行为的讪笑。”

109

1966年“文革”开始，袁世海和许多老艺术家一样，受冲击，被抄家。他当时被关在中国京剧院里边，“红卫兵”要找他，院里把他们这些名演员藏在汽车上，才算保护了他们，免受皮肉之苦。一伙“红卫兵”闯进他家，向他夫人索要金条，交不出金条，就遭到轮番几次拷打。他夫人在精神、肉体上都受到极大的损伤。家里的剧本、剧照、唱片、艺术资料，洗劫一空。

他被关了几个月，让他们干体力活，不让唱戏，不能练功。他总是想方设法，抽空、找机会练功。他认为：身上有艺术，机会来了就能上台；身上没有艺术的积累，有了机会也干瞪眼。

110

后来，又让上 “革命样板戏”了，现代京剧《红灯记》是其中之一。人员基本上是原班人马，袁世海又被召出来扮演鸠山，反面人物不许多唱，不许多念，不许多做戏，甚至不许参加谢幕。

111

“文革”十年，袁世海演出了两出戏：《红灯记》和《平原作战》。演了两个侵略者：一是鸠山，二是龟田。

112

袁世海一直被定为资本家出身，原因在他是解放前袁记马车行的少经理，虽经他一再申诉，也还是没最后落实。“文革”中经过内查外调，终于在解放前国民党时期社会局的旧档案中，查到了袁记马车行是他大爷所开，这才有了确凿的证据，开脱了他的少经理之名，袁世海的出身才定为城市贫民，而不再是资本家。

113

1980年袁世海带领中国京剧院一团，到山东演出时，有一位青年观众，看完戏后对扮演曹操的袁世海说：“曹操一出场，就是哄堂掌声，我心想这是对老艺人的欢迎，没的说。但是几个台步一走，还没开口，又是一个哄堂好，我就思索开了。这个戏的许多唱词和念白，都是《三国演义》的原文，比较好懂。您这几步走，不仅是美，而且把曹操这时的心理状态都表达出来了。”

114

曹操这个历史人物，经过许多艺术家的塑造，栩栩如生地活跃在戏曲舞台上。清朝末年，黄润甫的曹操，有口皆碑，当时被人们誉为“活曹操”。在他以后，侯喜瑞、郝寿臣被并称为“活孟德”、“活曹操”。他们两人都继承吸收了黄润甫着力刻画人物性格的特点，又各自有自己独特的发展。侯喜瑞努力表现曹操的帅才、武将风度。郝寿臣则用心刻画曹操的文采、气势，专在神上使劲。与他合作多年的杨小楼曾说：“寿臣这双眼睛，恨不得盯到人家肉里！”

袁世海剧照。

袁世海学习两位优点，他塑造的是个大军事家、大政治家、大文学家的形象。解放后，袁世海又在曹操的脸谱上加点红色，这是他学习了历史界对曹操的讨论，对人物有了新的认识而创造的，他说：“正因为他也做过有益的事，我们才在他的脸上加上点儿红，让他区别于高俅、严嵩、潘洪这些白脸儿奸臣。他要泉下有知，也一定会感谢我们。”因为袁世海的曹操戏演得好，人们又称他为“活曹操”，他是第三代“活曹操”了。

115

1979年，袁世海重排《九江口》，演员都是新人，谁也没演过这出戏。先是在他家里一场一场的说戏，然后到剧院排演场，连到一起排。这时正在冬天，他从东郊三里屯到西郊魏公村排戏，剧院里的锅炉房下午不供应开水，他只能从家里带着暖水瓶、水杯、茶叶去排戏。

116

袁世海告诉青年演员，表演的妙诀就在于：“演员心里要有人物。必须把人物当时的思想、心理、态度、感情都琢磨透了，清清楚楚了解了，掌握了，放在心里，才有可能通过艺术技巧表现出来。不然，想得多好，也做不出来。离开了对人物的理解，技巧就失去了灵魂。”

117

1980年春节，中国京剧院一团去河北省平山地区慰问演出。64岁的袁世海随团为农民送戏上门。因为剧场容纳人数有限，群众要求再在广场演出一场，地方领导考虑他年事已高，又患有糖尿病，让他不要唱，穿暖和些在演出前和观众见见面，讲几句话就行了。剧院领导来跟他商量，他不干，非要参加演出不可。他说："群众这样欢迎，他们能冒着严寒来看戏，我就不能顶着冷风为他们唱戏了？"这天晚上演的是《龙凤呈祥》。大雪纷飞，台底下黑压压一片，足有两万人。袁世海十分激动地说："这里是老区，老区人民当年扛枪杆上战场为革命作出牺牲，今天又这么热情地来看我们的戏，就是有天大的困难我也要上。"

118

1980年5月在淄博演出时，正赶上全国足球分区赛淄博赛区的休息日，赛区裁判长是京剧名票，于是运动员就邀请演员进行一场比赛。袁世海任演员队长，他身穿运动服，精神抖擞，率队登场。《体育报》6月11日发表了一篇报道《"猪八戒"上阵来——中国京剧院一团演员"客串"足坛小记》，题目的由来是一名演员射门命中，立了首功，在看台上助阵的演员兴奋地向旁边观众介绍说，那个就是《三打白骨精》里的猪八戒。引起大家极大的兴趣。

119

在河北邯郸市演出9场，戏票一售而空。一对老夫妇，买不着票，给袁世海写了一封信，他回信让这对夫妇7点到剧场侧门等，给他们在台前加两个座儿。

120

一位退休又身患重病的老工人，腿脚瘫痪，双目半失明，想看袁世海的戏，没买着票，让两个儿子搀扶着在剧场门口等退票，央求人家说："我这么大年纪了，身体又有病，日子不多了，我就想看一场他们的戏，死也瞑目了，你们匀我一张票吧。"这事传到后台，大家都非常感动，袁世海又一次出面请求剧场经理，为这位老人在台前加了一个座位，这老工人的两个孩子就站在剧场最后面看了这场戏。

121

在河北大名县，演出时间是10天，剧场在事先就办理预定票，以便掌握，可是预定票达6万多张，日夜两场，也只能满足三分之一。一个星期天的清晨还不到7点钟，县招待所院子里来了许多青年人，是大名县师范学校的学生，到这里来就是要看演员，特别是要看看袁世海。这些学生在课本上读过《廉蔺列传》《西门豹治邺》，又看过《野猪林》和《红灯记》电影，因此要看看活在舞台上的老廉颇、西门大夫、鲁智深和鸠山。服务员告诉他们，夜里散戏晚，演员们还没起床，他们就在院子里等着，他们说："看不到戏，看看演员也好。"袁世海听说以后，顾不上洗漱，急忙跑出来和这些热情的年轻人见面。

122

在河北馆陶县演出，1700个座儿的剧场，日夜两场，仍然座无虚席。台前、走道都加满座儿，这还不行，只好卖站票，人都贴在墙根，斜着身子看。由于剧场挤得太满了，有的妇女怀里抱着吃奶的孩子，也是一站三个钟头，看得津津有味。许多人是从几十里外赶来看戏的，有的是套车来的。县委的同志说："我们不敢在门口售票。人太多了，我们只好按公社分配。"

123

在馆陶县首场演出，电灯突然灭了。台上镇定自若，弦子照拉着，锣鼓也响着，台下1800多观众，不论是坐着的，还是站着的，鸦雀无声，秩序井然，剧场里没有一个人走动。十几分钟后，灯亮了，台上接着唱。散戏后，演员们纷纷议论，这里的观众真文明。

124

袁世海60多岁时，还能在《龙凤呈祥》演出时，走两个“飞脚”，他从小到老，每天不间断地练功。在他家里门后边的墙上，贴着一张练功表，为的是天天照着表上的项目练。

每天练，项目如下：

1．压腿（6—10分钟）

2．踢腿（100慢踢，50紧踢，50快踢）

3．骗腿（20）、跨腿（20）

4．丁字腿（20）

5．八段锦（40）

6．软蹚子（20）

7．蹚子挂了（两次）

8．左右飞腿（各5个）、串飞腿（6—10个）

9．虎跳（6个）

10．飞脚、旋子（4个）、坐凳转腰

125

袁世海曾演过西门豹，他在河北馆陶演出时，抽空到漳河边去凭吊“西门大夫祠”。在一个文物展览室里，墙上挂着一幅《河伯娶妇图》，图上西门豹严肃地站立河边，身后停着他乘坐的车辆，两个人抬着巫婆正投向河中。袁世海一进门就被这幅图吸引住了，他指着图上的车高兴地说：“西门豹就是应该坐车来。排戏的时候，有人说应该骑马来参加‘河伯娶妇’的仪式，我说不成，战国时候是坐车，骑马不合适。”他又叫过一名学生，把有关西门豹的解说词抄下来，说是里面有几句话，将来演出时，可以揉到台词里。

126

袁世海登上当年曹操建造的金凤台，十分兴奋地说：“这金凤台虽比不了天安门宏伟壮观，但气势可也不小。站在台上，回想当年曹操在台上阅兵演武，颇觉威风凛凛。”他在展览室说：“曹操是有他奸诈、多疑、杀人不眨眼的一面，‘宁要我负天下人，不要天下人负我’。但他有才，又爱才，他善于用人，手下的人很少反叛他的，都对他忠心耿耿。人们虽然都骂他奸雄，但他还有令人喜爱之处，他不像严嵩、秦桧这些白脸奸臣那么可恨。他在历史上也做了不少有益之事，他还是个了不起的人物。所以郝寿臣老师就不肯丑化他。我想，把这个人物演成个心地奸诈的英雄人物，还是符合历史真实情况的。”

127

袁世海看到展览室中有一块完整的人面瓦，形象很生动，有些像舞台上的脸谱，就风趣地说：“这大概就是脸谱的来源吧！”

128

袁世海看过展览后，在签名留念的小册子上，即兴题了四句：

“扮演曹操数十年，今日始访铜雀台。
乘兴同饮漳河水，探问西门治邺源。”

129

在考察“邯郸学步”这个成语的发源地“学步桥”时袁世海说：“我们戏曲演员学流派，可不能像那位燕国少年，只学皮毛，不学根本，这是一面很好的镜子，我们切不可‘邯郸学步’啊！”接着他谈起了郝寿臣老师曾经对他说过的一段话:“你学我，要把我捏碎了化成你，而不能把你捏碎了化到我里面，要是这样，那就坏了。”袁世海说:“这是郝老师精辟的总结。学习流派，必须要把别人的长处化在你里头，而且光是化还不够，还要下一番再创造的苦功夫，才能够真正有所收获。”

130

袁世海讲，在旧中国，艺人政治上没有地位，生活上没有保障，甚至还经常受到人身的侮辱，“世上三门丑，王八、戏子、吹鼓手”；三教九流，唱戏的排在下九流。解放后，艺人的地位发生了根本变化。国家领导人，看完戏到后台来看演员，并和演员握手、道辛苦，这在旧中国，连做梦也不敢想。在旧中国，名演员也能见到大人物，但那是为他们唱戏，侍候他们，唱得他们高兴了，赏下来，还得去谢赏、请安，根本没有平起平坐的份儿，更谈不到握手、道辛苦了。

131

1962年，党组织上曾经讨论过袁世海的入党问题，党支部通过了，院党委也批准了；在报请文化部党委批准的时候，由于1957年文化部艺术局邀请他开会，他提出过一些意见，而被认为是右的言论记录在案，因此在讨论时没有获得部党委的批准。1980年7月1日，袁世海加入了中国共产党。

132

1981年6月，袁世海参加在德意志联邦共和国的科隆举行的“世界戏剧节”，有25个国家的50多个艺术团体参加演出，评比结果，中国的京剧有三台被评为第一。演员杨春霞有如下记载：

“首场演出那天，前面的《三岔口》博得了彩声，谢幕时剧场气氛十分热烈。《霸王别姬》会怎样呢？舞台前后都在注视着。这时穿着京剧服装的安娜小姐（按：报幕员）出场了，观众席内一下子肃静下来，她的声音是那样沉着甜美，就像在引导观众进入到两千年前中国古代的境地。随着一阵锣鼓，帷幕拉开了，我站在侧幕看看世海老师，他十分镇定，信心十足，项羽的出场，一下子把观众的注意力完全吸引过来。

当戏进入到高潮以后，观众的感情，随着剧情和人物的感情，一起震荡着，他们时而对虞姬抑制悲痛舞剑安慰项羽的真挚情谊，发出了会心的赞叹声，时而对项羽英雄末路的仰天悲歌发出了叹息。演出在雷鸣般的掌声中结束了，我和世海老师谢幕六次。热情的观众发出了阵阵的欢呼，在观众的要求下，世海老师又重新表演了‘悲歌’片断，我也重复表演了舞剑。”

133

1981年10月8日《北京晚报》，发表一篇文章，题为《外国人也爱看京剧文戏——中国京剧院一团在科隆世界戏剧节》，文章写道：“袁世海先生征求外国观众的意见，特别询问了京剧文戏能否为外国观众所接受。一位西德戏剧研究者说：‘大多数观众当然很喜欢武打戏的热闹场面、高度技巧和精神配合。但作为艺术界来说，对京剧文戏尤感兴趣。这次节目安排得很好，有武戏也有文戏，使人对中国京剧有一个全面了解。’站在旁边的一位西德朋友补充说：‘我尤其喜欢《霸王别姬》，这个取材于历史故事的戏，有优美的歌唱和舞蹈，情节动人，很像欧洲古典歌剧，能为欧洲人所接受。’袁先生听到这里会心地笑了。”

134

有一年，袁世海在三里屯使馆区散步，一位老同志过来问他：“您是不是姓袁？”“对！”“我是您的老观众，我看着像您嘛！我年轻时，就在天津看过您演的《霸王别姬》。”这位老观众说，他当时在天津英租界一家洋行里学徒，记得那年正月初三去看戏，戏园门口右侧立了一个牌，上写：袁世海艺员所乘轮船误期，今晚上演的《霸王别姬》改为正月初六补演。袁世海说：“太对了！”他说：“那时，您很年轻，观众多欢迎啊！您这位‘霸王’上场前和上场时的掌声真足。我这个洋行的小徒弟也没少给您鼓掌。您演得真带劲！”

135

袁世海说：“戏曲界有一句话，百学不如一看，百看不如一练，百练不如一串。”这里讲的道理是很对的。学固然重要，不学不行，但是学了之后实践、观摩非常重要。青年们学了戏，再去观摩前辈艺术家的表演，收获更大。而与前辈艺术家同台演出，更是能够得到好处。

136

有一年，袁世海在湖北作了京剧表演艺术的学术报告，湖北电视台录制了《黑旋风李逵》舞台艺术电视片，他还出席了两次业余京剧爱好者组织的联欢会。时任湖北省第一书记陈丕显会见他的时候说：“我们这个年纪的人都有传、帮、带的责任，你这次就是来传、帮、带的。我们欢迎你为湖北带出些‘小袁世海’来。”

137

袁世海到湖北省京剧团进行普遍培养，不仅是来培养几个主要演员，而且把精力倾注在所有的青年身上，他生、旦、净、末、丑全教，对场面、京胡也极为关心。他说：“在台上没有小角色。”他特别强调艺术的整体性：“一个剧团如果没有集体的艺术水平，没有‘一棵菜’的精神，是难以完成艺术创造的。”

138

1982年，著名艺术家翁偶虹在文章《谈京剧花脸流派》中，写道：

“袁世海的念、做及唱功，恪遵郝派。问业之勤，异于侪辈。直到解放后，每演传统戏或郝派新戏，无不殷勤求正，精益求精。1954年，他与李和曾合排《赠绨袍》，在中国京剧院小礼堂的后台，我亲眼看到郝先生为他勾脸谱，边勾边讲，指出诀窍。我还亲耳听过1955年他同郝先生重温《黄金台》伊立念白的录音，郝先生念一段，他学一段，有疵必正，正而必改。每排新戏，如《黑旋风》《桃花村》等，袁世海总是把自己设计好的表演方案，虚心地求正于郝先生……这种尊师求艺、诚惶诚恐的态度和虚心求全的精神，足为后学楷模。”

139

1983年春季，袁世海去内联升鞋店做鞋，因为他的脚短而肥，穿普通号鞋，不是瘦就是大，只好订做。这次给他量脚样的是一位老师傅，量好后，袁世海告辞致谢，老师傅摘下花镜，将手中的铅笔别在耳后，习惯地撩起围裙擦擦手，笑眯眯地对他说：“袁老，我是您多年的老观众，您太客气啦！解放前，我在内联升学徒的时候，就是个京戏迷。前门、大栅栏一带戏园子多，得空，我就去华乐、庆乐、广和楼看蹭戏。尤其是放年假，从正月初一到初六开市的这几天里，更是看个没够，可看了不少好戏。嘿，这几个戏园子离着我们近，借口上厕所都能溜进去蹭两眼。晚上关了店门，有时蹭进去能看不少。”

140

袁世海一生演了几百出戏，成功地创造了曹操、张飞、李逵、鲁智深、窦尔墩、项羽、关羽、张巡、廉颇、周处、欧阳方、严嵩、刘唐、马武、张定边、檀道济、马谡、程咬金、赵高、西门豹、贾似道以及现代戏中的鸠山等众多的正反面人物的舞台形象，为京剧架子花脸艺术的发展作出了重大贡献。有著名专家将其艺术称为“袁派”。

141

袁世海总结自己的舞台经验时说：“一个好演员等着吃剧本中给的现成饭是不行的，一定要通观全剧，统筹安排，一定要有重新加工剧本的能力，使其更完整，更适宜体现人物性格。从前辈们的实践中，我所悟出的这条经验，在我的舞台生活中，一直起着指导作用。不论我接到什么剧本，即便我在剧目中扮演配角，也要进行适当修改。《李逵探母》《九江口》《黑旋风李逵》等剧，演到现在，也未停止剧本的修改。因此，青年演员们一定要关心剧本，培养自己对剧本的再创造能力。”

历经苦难，成就辉煌艺术人生

——袁世海先生的人生给我的启发

兴趣至关重要。袁世海先生可以讲是一个文盲，他连小学都没有上过几天，可想而知他的文化程度。可是他为什么在京剧艺术上取得了很大成就？其因在于他对京剧有极大的兴趣。这个兴趣的“极大”化，是他成为京剧大师的核心。兴趣是个灯塔，可以照亮一生。

很多有高等学历的人，一辈子也没干出个样子来，原因就在于他不知道自己的兴趣所在，有了知识，丢了智慧。有智慧的人，便是知道自己兴趣所在的人，并一生追求这个兴趣，乐此不疲，苦中取乐，再苦再累也无所谓。今天我们的教育出了大问题，学生只知道学习、考试，就是不知道学习、考试要干什么？更不知道学的那些东西，和自己的兴趣有啥关系？当然学之无趣，索然寡味。这样的学习周期越长，越把人给毁了，大学出来的人才，都像工厂加工出来的标准化产品，没有个性，没有特点，原因是都学糊涂啦！很多大学生不知自己的优势在哪，自己还有哪些特点、个性，他们对啥都没兴趣！出了大学门，一脸的茫然，一晃20多年过去了。

而袁世海呢？他在上小学一年级时，就明确知道自己的兴趣是什么，和兴趣无关的，他也不去想，不去干啦！一头扎进了兴趣里，一辈子就干这个事，他肯定成！因为他没有在兴趣上出现盲点，他没有因为挫折而半途而废。因为在兴趣面前，挫折不算什么。兴趣便是自己的梦想，兴趣让自己去战胜挫折。

读者朋友，你要想获得成功，赶快寻找自己的兴趣点吧！这是你与众不同的地方。要想从成功走上超越成功的更高目标，那么，你就更要紧紧抓住你的兴趣所在，不要见异思迁，直道而行，你一定会有特别的感觉。如果读者朋友现正育有上中小学的孩子，你就抓紧时间去观察孩子的兴趣点，根据他的特点来因材施教，这孩子将来便会有大出息。

野生长的东西比温室长的更强壮。袁世海是在非常艰苦的生存环境下，野生长出来的一位京剧大家，而不是在娇生惯养的温室里。是生存的压力，让他长成了一个可以生存下来的大树，正是这种情况，他会随时随地找到可以让自己生存下来并能发展下去的机会，他发现机会并抢抓机遇的能力，比一般人强得多。这如同野生动物，比动物园的圈养动物要厉害得多，是一个道理。所以，我们今天在培养孩子时，要给他们创造一个“野蛮生长”的环境，让孩子尽可能早地远离父母的过度关爱，让他们有谋生、生存下来的能力。

袁世海小学一年级这个年龄，即开始自谋生路了，不仅不靠母亲养活了，而且这么小的孩子，还将自己省下来的钱给母亲。十几岁的时候，就开始独立挣钱养活家人了。今天，这样的孩子有吗？极少。都二三十岁啦，还啃老！拿着父母辛辛苦苦挣来的钱，去挥霍。真正的本事，是靠自己养活自己，不给父母再增加负担。更大的本事，是上能养父母安度晚年，下能养子女到18岁成人。袁世海当年正值谈婚论嫁年龄之时，就很明确地告诉他母亲这样的态度：我养不起媳妇，就不谈对象，什么时候有这个能力了，再娶。

向大师请教非常关键。袁世海知道自己没文化，水平不行，为了加快发展，他找到了通过拜名师来提高自己的捷径。他拜名师，不是只拜郝寿臣先生一个，而是他那个时代、他能够见到的所有京剧大师，只要他遇到机会，就主动接触，绝对不会放过。常言道：“与君一席话，胜读十年书”，君子之风，大师模范，你接触多了，潜移默化，就是熏也会熏出个模样来，更何况主动去熏呢？今天又有多少人知道这一熏的厉害呢？

作者蒋晔（右）与袁世海先生合影。

读者朋友们，河北人民出版社推出的这套《大师的智慧》丛书，便是我被熏了近20年，而且是近百位著名学者熏我的一个结果。如果你想有所作为，使自己的人生充实丰富，就赶快迎接这一熏又一熏吧！